그래서 **성공**하겠니?

상품마음,
너만 모르더라

상품커뮤니케이터 이규철

● 들어가는 말

사람을 위해 존재하는 상품은,
사람과 하나로 일체가 되어야 하며
상품 역시 사람처럼 존중을 받아야 한다.

사람이 살아가기 위해 필요로 하는 생활 자원으로서 상품은
사람의 생존을 가능하게 해 주는 수단일 뿐만 아니라,
사람들의 생존이 지속해서 가능하도록
부단히 획득해 나가야 하는 목적이 되기도 하기 때문이다.

**상품은 단순히 물리적인 물질의 차원에 머무르지 않고
사람들의 욕망과 감성을 반영하고
문화와 사회를 반영하며 시대와 역사를 반영하고 있다.
그렇기 때문에 사람과 상품은
궁극적으로 하나로 연결될 수밖에 없다.**

그럼에도 불구하고 이러한 특성들을 가진 상품을
일단 만들고 보자는 생각으로 생산하게 된다면,
그 자체가 무모하기 짝이 없는 일이 될 것이다.

생산자 스스로가 자신의 능력이 그것밖에 안 된다고 해서
고객의 욕구와는 무관하게 자신의 수준에 맞추어
상품을 생산하는 일은,
우리 사회의 자원을 낭비하는 일이기도 하다.

상품의 감정을 이해하고 있어야 성공할 수 있다.
그래야 고객에게 감동을 주는 상품,
고객의 변화되는 욕구에도 불구하고 살아남을 수 있는 상품을
만들어 낼 수 있는 것이다.

이제 그 상품들을 이해하기 위해
상품으로 들어가 상품 하나하나의 감정을 느껴 보자.
상품을 찾아 떠나는 여행에서는
상품 개발에 대한 의미와 방향성을 명확히 깨닫게 될 것이다.

이 책에서 저자는 고객의 삶에 직간접적으로 영향을 주고 있는
물질적, 비물질적으로 존재하는 모든 것을,
즉 효용 가치가 있는 모든 것을 상품으로 예우하고자 한다.

● 차 례

01

변화와
열정

상품을 찾아 떠나는 여행에서 열정이란,
자신에게 존재하고 있던 에너지보다 더 큰,
그 이상의 에너지를 사용하게 되는 것을 말한다.

그로 인해 이전에는 존재하지 않았던
새로운 차원의 에너지가 창출되는 마음의 상태이다.

열정은 불가능을 가능으로 바꾸는 힘이며
이 과정에서 나오는 몰입은 자신의 한계를 극복하고
새로운 한계로 다시 나아가게 하는 역동성을 갖게 된다.

또한, 변화란 현재의 삶의 조건과 환경들을
더욱 풍요롭고 바람직하게 만들어 가기 위한 것이며
능동적으로 에너지를 쓰고 있는 마음의 상태이다.

변화란 시대의 흐름에 맞추어 살아가기 위해
기존의 환경을 극복하려는 노력이며
기존과는 달라지기 위한 최소한의 활동들을 의미한다.

그러나 많은 경우 이러한 과정을 극복하지 못하고
변화에 대한 피로 증후군에 시달리기도 하며
오히려 부담감을 이기지 못해 도태되어 가기도 한다.

짓눌림 없이 당당히

육중한 땅을 이고도 짓눌림 없이 당당히 지내 왔습니다.
내가 밀쳐 낸 흙의 크기만큼 내 몸은 커져 갔고,
지상을 향한 나의 열정만큼이나
내 몸은 점점 더 강인해져 갔습니다.

거친 태양의 숨소리에 온몸이 달구어져도,
작은 벌레들이 한없이 잎줄기를 갉아 먹어도,
이슬의 축축함으로 습기가 엄습해 와도,
나는 평정심을 유지한 채 온전히 나를 지켜 냈습니다.

캄캄한 땅속에서도 두려움에 떨지 않았고
날 꺼내 주지 않으면 어쩌나 걱정하지도 않았습니다.

나는 잎을 통해 세상과 함께 호흡하였고
줄기를 통해 세상과 함께 성장해 왔습니다.

그것을 통해 푸른 하늘을 볼 수 있었고
그것을 통해 세상의 소리를 들을 수 있었고
그것을 통해 밖으로 내가 나갈 것을 준비했습니다.

오늘은 내가 나오기에 가장 좋은 날입니다.

하나의 과실에는 온전히 하나의 세상이 들어 있다.

좋은 결실을 보는 생산물들은 꼭 그만큼의 노력이 들게 마련이다. 들인 정성만큼, 들인 시간만큼, 품질은 더 높은 수준의 완성된 모습으로 보답한다.

새로운 삶에 대한 갈망

얼마나 많은 생선의 살이 나로 쓰였는지,
얼마나 많은 내가 다른 모습으로 환생했는지,

그렇게 하기까지 얼마나 많은 노력이
쌓여 왔는지 알 수가 없습니다.

사람들은 그저 입이 즐겁고
풍성한 먹거리가 보기 좋겠지만,

그 이면에 있는 나의 몸부림은
볼 수가 없었을 것입니다.

살이 찢기고 갈리는 고통 속에서도
나는 새로운 삶을 갈망했고,

보다 행복하고 가치 있는 모습이
되기 위해 노력해 왔습니다.

나를 단순히 좋아하는 것이 아니라
정말로 좋아할 수 있도록
나는 나의 모든 것을 걸고 있습니다.

상품이 계속해서 모습을 바꾸어 가는 것은 생존을 위한 필수 조건이다.

고객에게 더욱 친근하게 접근하고, 보다 유익하게 이용되기 위해서는 기존의 모습을 과감히 벗어던지고 변신해야 한다. 왜냐하면, 기존의 모습은 기존의 시간에 빨려 들어가 사라지기 때문이다.

영업의 본성을 깨우는 마케팅

내가 있는 이곳은 영업의 본능이 살아 있습니다. 사람들은 어떻게 하면 나 같은 상품을 하나라도 더 많이 팔 수 있을까를 늘 고민합니다. 그런데 영업을 하는 사람들이 가끔은 차~암, 멍청한 짓을 반복합니다.

상품을 사러 오는 사람들이 적을 때는, 출혈을 감수하는 일들까지 기꺼이 합니다. 할인, 증정, 시식 등을 마치 모노드라마를 찍듯이 혼자서만 그렇게 열심히 해 댑니다. 그런데 막상 사람들이 많이 찾아올 때면, 그렇게 애쓰던 노력들을 중단하거나 생략해 버립니다. 상품을 찾으려 해도 물어볼 사람이 없고 필요한 상품은 품절이고 그렇게 친절하지도 않습니다. 빨리 사고 빨리 가라는 태도는 정말 불쾌하기 짝이 없습니다. 사람들이 많을 때는 그렇게 불쾌한 태도를 보이면서도 정작 사람들이 적을 때는 왜 그렇게 친절한 행동을 하는지 도통 알 수가 없습니다.

그런데 이곳은 다릅니다. 지금은 너무나 바쁘고 상품도 품절이 많은 상황입니다. 그런 와중에도 모든 사람에게 정가 13,500원짜리 쿼터를 10,000원에 약속하고 있습니다. 줄 서 기다리고 있는 사람들을 맞이하기에도 정신이 없을 텐데 보름간의 할인을 약속하고 지키고 있습니다. 다시 와야만 하는 이유가 생겼습니다.

사람이 많이 올 때 더 많은 프로모션을 하고 있습니다. 이런 정성은 그 프로모션이 미치는 범위와 대상을 더욱 확장하는 효과가 있을 겁니다. 진심으로 진행하는 프로모션과 이익만을 위한 프로모션이 같을 수 없는 이유가 여기에 있습니다.

✻ 배스킨라빈스 추석 프로모션

상품의 판매란, 팔 수 있는 그 고마운 순간에 진심을 듬뿍 담아 판매하는 것이다.

상품의 진열은 판매를 위한 유혹의 상태다. 고객의 구매 의사를 탐지했을 때는 즉각적으로 판매에 돌입하여야 한다. 보다 능동적으로 고객의 입장에 다가서야 좋은 판매가 될 수 있다.

특별한 누군가를 위해

나는 마지막 완성을 눈앞에 둔 채,
멈추어 섰습니다.
그 몫을 내가 아닌
나의 고객을 위해 기꺼이 양보했습니다.

이미 완성되어 있는 김치들과
확실한 차별적 재미를 위해,
고객 스스로가 완성하기를
기대했기 때문입니다.

사람마다 기호에 따라
나는 달라질 수 있어야 하고
고객들도 그것을 원하고 있습니다.

나는 특정한 누군가를 위해
태어나지는 않았지만,
마지막에는 그 특별한 누군가를
위해서만 쓰일 것입니다.

그것이 내가 태어난 목적이며,
나의 소명을 완수하는 일이 될 것입니다.

＊ 신선 편의점 조리용 상품

상품의 가치를 창출한다는 것은, 고객이 만족할 수 있는 효용을 만들어 내는 것이다.

상품의 완성도가 아무리 높아도, 품질이 아무리 좋아도, 그것에 호응하는 고객이 있어야 비로소 상품으로서 진정한 가치가 발현되는 것이다.

화려한 성장

내가 이렇게,
'투자 수익률'을 무시하면서까지
화려하게 성장해 나갈 것이라고는
아무도 예상하지 못했을 겁니다.

내가 이렇게,
매출까지 포기해 가면서
고객이 쉴 수 있는 공간을
만들어 갈 것이라고는
상상하지 못했을 겁니다.

내가 이렇게,
좋은 원두를 써 가면서까지
이렇게 낮은 가격으로
따뜻한 커피를 대접해 줄 줄은
아무도 기대하지 않았을 겁니다.

내가 이렇게,
나의 모든 것을 걸고 열정을 쏟아 가는 것은
고객에 대한 사랑 때문임을
아무도 모르지는 않을 것이라 믿습니다.

과감한 혁신이란, 진부한 과거의 고리를 끊어 내고, 미래를 열어 가는 열정의 힘이다.

회계적 계산을 통해서는 창의적인 미래가 열릴 수 없다. 현실에서 계산되는 숫자란 미래를 통제할 뿐, 새로운 희망에 적절히 반응할 수 없게 만든다. 기꺼이 새로이 시도해야 새로운 세계가 열릴 것이다.

거듭되는 실패에도 불구하고

나를 본 듯 만 듯
헷갈리는 것도 당연합니다.

나는 무수히 많은 모습으로 와서
무수히 많은 실패 속에 사라졌습니다.

당신의 욕구를 채운다는 것도
격에 맞게 품질을 높인다는 것도
저렴하게 가격을 낮춘다는 것도
친근하게 이름을 정한다는 것도
그 모두가 생각보다 쉽지가 않았습니다.

늘 트레이드 오프(Trade-Off) 관계에 있는
이 상충되는 요소들 때문에,
나는 오늘도 될 듯 아니 될 듯
아리송함 속에서도,
여전히 당신을 위해
다시 도전하고 있습니다.

* 즉석 간편식 아웃소싱 신상품

성공적인 상품의 런칭이란, 그 상품을 계속해서 반복 구매해 줄 수 있는 고객을 확보하는 일이다.

처음부터 정해져 있는 성공할 상품이란 없다. 성공할 때까지 계속되는 도전만이 그 성공을 가능하게 할 뿐이다. 성공하는 상품의 핵심 역량은 포기하지 않는 것에 있다.

단순함을 딛고 필요 속으로

내가 얼마나 오랜 시간, 복받치는 설움을 참아 내며 살아왔는지 차마 짐작조차 하지 못할 겁니다. 나는 너무나 단순한 나의 외모 탓에 참다운 나의 가치도, 부가적인 가치도 고객들에 대한 설득도 하지 못했습니다.

생산량이 많아지면, 밭에서 그대로 갈아엎는 버림을 당해야 했고 생산량이 적으면 말도 안 되는 가격에 투기하듯이 팔려 나갔습니다. 그래서 그런지 고객들은 나에 대해 또 나의 가격에 대해 그다지 신뢰하지 않게 된 것 같습니다. 꼭 필요할 때가 아니면 아예 눈길조차 주지 않게 되었습니다.

그런 내가 그들의 불신을 씻고자 새로운 나를 끊임없이 호소해 왔지만 사람들의 반응은 늘 냉담했습니다. 그렇지만 이제 나의 진실이 서서히 그들을 움직이는 것 같습니다. 정갈한 나와 나를 돋구어 줄 양념이 함께 짝을 이루어 사람들의 마음을 달래기 시작한 것입니다.

이제 나는 충분히 나의 가치를 표현할 수 있게 되었고 고객은 그런 나를 인정해 주고 있습니다. 이제서야 나는 그동안의 설움을 한꺼번에 다 흘려보내고 가슴 후련함을 맛보고 있습니다.

나는 이전의 나를 버리고 고객이 원하는 모습의 나로 변신했고 그래서 성공했습니다. 나는 나로 존재하는 것이 아니라, 사람들의 필요에 의한 나로 존재하게 되었습니다.

* 양념 소스가 들어 있는 깐 쪽파 김치

고객의 필요를 찾아 접근한다는 것은, 상품 본연의 본성을 깨우는 일이다.

고객에게 가치를 인정받기란 얼마나 어려운 일인가? 고객의 욕구를 충동질하는 일이란 또 얼마나 고된 일인가? 그럼에도 그렇게 흔들어 대는 과정에서 틈새시장은 열리고, 상품은 계속해서 성장해 나가는 것이다.

변함없는 나의 열정

오늘은 누굴 찾아가게 될지
이른 아침부터 가슴이 뜁니다.
늘 보던 고객과 낯설게 보는 고객
모두가 나는 좋습니다.

오지 않는 고객들을 위해
나는 기꺼이 갈 준비가 되어 있지만,
나의 이런 마음을 아는지 모르는지
고객들은 나를 드문드문 대합니다.

오늘처럼 찬 바람이 코끝을 스쳐도,
눈비에 온몸이 흠뻑 젖어도,
고객들을 향한 나의 열정에는 한 점 변함이 없는데,
고객들은 필요에 의해서만 나를 대할 뿐,
아직은 나를 사랑하지 않나 봅니다.

뜨거운 사랑이 찾아왔으면 좋겠습니다.
도깨비 신부처럼 9백 년,
아니 더 오랜 시간이 지난다고 하더라도

고객을 향한 사랑의 열정을 내가 불태울 테니까요.

고객이 찾아오는 시장에서, 고객을 찾아가는 시장으로 상품의 시장은 진화되었다.

상품의 공급이 적을 때는 공급처를 찾아 고객들이 찾아올 수밖에 없었다. 그러나 지금은 상품의 공급이 과잉 상태이기 때문에 수요자를 찾아 상품들이 찾아다녀야 한다. 이 것이 오늘날의 냉엄한 시장의 현실이다.

강한 상품으로 재탄생

시간의 힘은
열정의 힘보다 센가 봅니다.

10여 년 전에는
온통 위험하다는 생각으로
모든 가능성을 차단당했는데,
지금은 모든 시도가
당연시되고 있습니다.

나의 다양함에 새삼 놀라는
고객들을 보고 있는 것도 즐겁고,
단순함을 벗고 캐릭터 강한 상품으로
재탄생이 된 것도 기쁩니다.

고객들의 건강을 위해서는
내가 절대적으로 필요한데,
여전히 나는 고객들을
설득하고 있어야 합니다.

내가 안전한 음식 문화로 인정되고
정착되는 그날이 빨리 왔으면 좋겠습니다.

✱ 요리형 샐러드 채소

변화는 존재하고 있던 모든 상품의 가치 기준을 바꾸어 버린다.

과거에는 불가능했던 일들이 현재에는 가능해지고, 현재는 가능했던 일들이 미래에는
의미 없어질 수도 있다. 변화를 읽어야 하는 것은 상품의 생존을 위해 꼭 필요한 일이다.

상식을 깨 나가는 확실한 방법

내가 어디까지 영역을 넓혀 갈지 나도 궁금해집니다.

부가 가치가 상대적으로 작은
신선 식품의 영역에서는 단순 가공만으로는
가치를 추가로 생산해 내기가 어렵습니다.

원물에서의 품질 차이가 이미
가격에 반영되어 있기 때문에,
비슷한 품질의 상품을 훨씬 더 저렴하게
만든다는 것은 참으로 어려운 과제입니다.

결국 공급 과정에서의 혁신이 뒤따르지 않는다면,
내가 계속해서 존립하기는 어려울 것입니다.

내가 영역을 넓히고 존속할 수 있는
유일하고 확실한 방법은,
계속해서 '상식을 깨 나가는' 일입니다.

그래서 비상식 위에 내가 있습니다.

＊ 노브랜드 갈비찜 세트

기꺼이 미지의 세계에 발을 내디딜 수 있는 용기가, 상품을 탄생시키는 것이다.

두려워한다면 현재라는 위치에서 단 한 발도 나아갈 수가 없다. 위험을 감수하는 일
은, 그만큼 담대하게 상품을 성장해 나갈 수 있는 가장 효과적인 방법이다.

그토록 꿋꿋이 걸어왔으니

나는 확실한 품질의 차이에 성공하였습니다.
그 어느 토마토보다도 높은 가격에
당당하게 판매되고 있습니다.

어쩌면 무모해 보이는 이 가격이, 나에게는
자부심이며 나의 존재감을 확인하는 일이기도 합니다.

그토록 오랜 세월 암울하게 흘러간
시간들에 대한 보상이라고 생각합니다.

남들은 가지 않는 그 길을 나는 그토록 꿋꿋이 걸어왔습니다.
지금의 내 모습에서는 과거의 나를 찾아볼 수가 없습니다.

화려함 뒤에 묻혀 있는 피눈물 나는 과정들이 나를 이렇게
붉은 핏빛으로 물들이고 있는지도 모르겠습니다.

그럼에도 나는 좌절하지 않았고 열정으로 폭발할 듯
몸을 일으켜 여전히 미래로 나아가고 있습니다.

나는 대저 토마토입니다.

대저 토마토

*＊ 대저 토마토

가치를 발견하고 유지하는 일이, 상품화의 과정이다.

상품을 이용하는 고객의 욕구에 기반하지 않는다면, 상품화에 성공하기 어렵다. 상품
의 효익을 확장해 가는 것이, 상품 개발의 본질적 가치이다.

단 하루의 뜨거운 삶

내가 이곳까지 오리라고는
생각조차 하지 못했을 겁니다.

그렇지만 나는 오랜 기간
이곳에 오기 위해
가능한 모든 노력을
다 하고 있었습니다.

나를 쳐다보는
고객들의 눈빛이 좋습니다.
양도 가격도 내용물도
모든 것이 만족스럽습니다.

나는 오늘 하루 역시,
뜨겁게 살아 낼 것입니다.

나의 비주얼도 그렇지만,
나에게 주어진 단 하루라는
이 짧은 삶이
나를 더욱더 열정적으로
만들고 있습니다.

1,590　　2,300　　1,790　　2,500　　2,500　　2,000　　2,300　　3,200　　3,800　　3,80

3,680　　3.680　　3,680　　3.680　　3,680

＊ 간편 가정식 1일 판매 상품

위험이 커질수록 상품에 대한 매력 역시 커지게 마련이다.

단, 하루만 판매하고 폐기한다는 것은 높은 손실을 감수하는 상품 운영 방식이다. 그
러나 그를 통해 그 상품만의 특별함을 제공할 수 있다면, 그것 역시 성공한 상품이 되
는 유익한 방법인 것이다.

매번 가미되는 맛

나를 보는 순간,
숨이 멎는 듯했나 봅니다.

날로 변신해 가는 나를
같은 속도로 따라간다는 것은
벅찬 일입니다.

어쩌다 오는 고객들에게는
아예 처음부터 가능하지
않은 일인지도 모르겠습니다.

특별한 '도우'의 부드러움과
풍부한 토핑의 익숙함에도 불구하고,
매번 가미되는 맛은
언제나 매력적으로 다가옵니다.

어제의 영광은 어제로 끝났다. 오늘은 그저 다시 시작되는 새로운 날일 뿐이다. 매일의 오늘이 그렇다.

어제와 동일한 모습처럼 안정감을 주는 것도 없다. 그러나 유통에서 그것은 도태의 시작을 알려 줄 뿐이다. 어제를 기반으로 할지라도 오늘은 달라져야 한다.

새로 취급되는 방법을 찾아서

　나의 운명은 참으로 거지 같았습니다. 쓸 만한 것을 고르고 고른 후 남은 찌꺼기 같은 내 인생이 갈 곳은, 쓰레기장밖에는 없었습니다. 그런데 누군가가 나를 '못난이 양파'라고 부르기 시작했습니다. 파이고 찢기고 곰팡이에 짓무름까지, 정말 나를 표현하자면 '못난이 양파'라는 이름은 과한 애칭이라고 봐야 할 겁니다. 그런 나를 있는 그대로 인정하고 양파다운 양파를 만들어 주었습니다. 의도된 것은 아니었겠지만, 나는 따뜻한 점포의 실내에서 그동안의 추위와 설움을 이기고 체력을 다시 회복할 수 있었습니다.

　나는 자가 치유의 시간을 가지면 원래의 모양과 품질대로 복귀하는 성질이 있는데, 이것을 사람들은 '큐어링'이라고 불렀습니다. 나는 이렇게 회복된 후 저렴한 가격에 수많은 손길에 의해 선택되면서 새로운 인생을 살게 되었습니다.

　나는 음식을 조리할 때조차, 핵심 재료도 아니고 부재료도 아니고 기껏해야 맛이나 조금 더 내는 데 쓰일 뿐입니다. 그래서 그런 양념류의 인생인 나는, 형체도 알아보지 못할 만큼 부서지던지, 엑기스만 빼내고 버려집니다. 그나마 형체를 유지할 수 있는 경우란, 초절임이나 잘게 채로 썰려서 고기와 함께 상에 올라갈 때 정도인 것 같습니다.

　태어나는 모든 것은 다 그 나름대로 쓸모가 있다고 하였습니다. 이렇게 버려지지 않고 다시 양파로서의 행복한 삶을 찾게 되었습니다. 이런 일은 아주 작은 배려가 있었기에 가능했습니다. 기존의 관념에서 벗어나 새롭게 취급되는 방법을 찾는 과정에서, 모두에게 행복한 일이 생긴 겁니다. 의미 있게 삶을 되찾게 되어 나는 정말 행복합니다.

※ 저장 끝자락의 선도 저하 양파

상품에 가치를 부여하는 일은, 고객에게서 새로운 용도를 찾아내는 일이다.

상품의 유익함을 찾아내는 것은, 상품이 아직도 고객의 이용에 적합함을 증명하는 일
이다.

언제든지 어느 형태로든

나를 다지면 물이 흥건할 줄 알 겁니다.
'알리신'의 매운맛으로 코를
심하게 흔들어 댈 줄 알 겁니다.
그렇지만 안심하세요.

건조된 나는 가볍습니다.
냄새조차 없앴지만,
본질은 여전히 그대로입니다.
나는 단지 외모와 성격만
약간 바꿨을 뿐입니다.

나는 고객들의 요구로
진화를 거듭해 왔습니다.
'피 마늘'로, '깐 마늘'로
'다진 마늘'로, '건조 마늘'로
그렇지만 나는 한 번도
두려워하지 않았습니다.

나를 원하는 한 언제든지 어떤 형태로든지,
나는 나를 변화시킬 준비가
이미 되어 있기 때문입니다.

* 간편 다진 마늘

히트 상품이란, 무수히 시도되는 상품 중 우연히 발견되는 상품에 불과하다.

모든 상품이 목적하는 바에 따라 탄생하였다. 모두가 소중하고 모두가 가치가 있다. 그러데도 상품은 고객의 변화되는 욕구와 필요에 따라, 그 운명이 또다시 바뀌게 된다.

현실적이고 유익한 방법

나를 '쪼잔하다'라고 말하는
사람들도 있을 겁니다.

이렇게 큰 매장에 이렇게 낱개로
배송되는 상품들을 보면,
그렇게 생각할 만도 한 것 같습니다.

그렇지만 매번 박스째 배송이 되고,
진열 후 남은 상품이 오래도록 방치되는 것보다는,
이 방법이 훨씬 더 현실적으로 유익한 것 같습니다.

나처럼 배송이 되면 필요 없는 재고는
자연히 사라질 수밖에 없습니다.

필요한 때 필요한 상품이,
필요한 만큼 배송이 된다면,
매장은 한결 편안해지고
운영은 안정이 될 것입니다.

나의 핵심 가치는
운영 효율의 최적화에 있습니다.

* RDC 상품(센터 보유 배송 상품)

변화에 적응한다는 것은, 상품 역시 쉽지 않은 일이다.

변화가 중단되면, 그 순간부터 상품의 경쟁력도 도태되어 갈 것이다. 아이러니하게도
현재의 경쟁력이 유지될 수 있는 것은, 그것을 위협하고 있는 이런 변화들 때문이다.

시대에 맞게 계속해서

나를 직접 만들어 먹는 사람들은 나를 아직도 비싸다고 합니다.
나를 사서 먹는 사람들은 나를 먹을 만한 가격이라고 합니다.
나는 처음부터 미리 정해져 있는 가격이라는 것이 없었습니다.

나를 구매하는 사람들이 늘어나면
나의 가격은 저렴해질 수밖에 없고,
나를 구매하는 사람들이 여전히 늘지 않으면
나는 비싸게 팔릴 수밖에 없습니다.

가격은 시장 경제를 지배하고 있는
보이지 않는 손에 의해 결정되기 때문입니다.

이것은 수요와 공급의 균형점을 찾는 것이며
구매자와 공급자 간의 합의가 이루어지는 것을 의미합니다.

대체재가 상대적으로 많은 경우에는 특히나 더
균형점을 찾는 움직임이 분주해집니다.
그래서 내일 나의 가격은 현재로서는 나도 모르는 일입니다.

나는 그냥 진열되어 있는 것 같지만, 사실은 지금의 시대에 맞추어
계속해서 품질과 가격이 움직여 가고 있는 것입니다.

투덜거림이 많을수록, 더 많은 상품의 성공이 이루어진다.

욕망이 있는 한, 그리고 그것이 아직 충족되고 있지 않는 한, 상품이 할 수 있는 일은
여전히 남아 있는 것이다. 고객의 불만 속에 상품의 미래도 함께 있는 것이다.

핫한 상품에 둘러싸여

나는 정말 쓸모없는 기둥이었습니다.
아니 더 나아가 눈엣가시 같은 존재였습니다.

다니는 사람마다 보는 사람마다
무미의 흰색으로 지나는 길을
덩그러니 가로막고 있는 나를,
좋아할 수는 없었을 것입니다.

행사용 평대로 가려 봐도 평대 자체를
가르는 나의 굴절된 태도로 인해,
어떤 상품이든 온전히 놓일 수가 없었습니다.

그러던 내가 이렇게
새롭게 태어났습니다.

지금 뜨고 있는 핫한 상품들에 둘러싸여
화려함을 뽐내고 있습니다.

나는 이제 이곳에서 가장 강력한
랜드마크가 될 것입니다.

✻ 흰 기둥의 개선

고객의 상품을 대하는 인식이, 상품의 쓸모 있음과 없음을 나누는 경계가 된다.

그 자체로서 가치를 나타내는 상품은 드물다. 어떻게 의미 부여를 하느냐에 따라, 가치가 살아나는 것이다. 가치란 고객들에 의해서 부여되기 때문이다.

이제 나는 흔들리지 않습니다

별것 아닌 것 같은 내가
지금의 모습을 갖추기까지는
수 주간의 고된 시간이 흘렀습니다.

POG가 없는 곳에서는 나의 모습이
망가지기가 쉽습니다.

아무리 정성을 들여 봐도
이내 곧 무너지고 맙니다.

그래서 보이지 않는
약속이 이루어졌습니다.

이제 나는 흔들리지 않습니다.
시간이 지날수록
더 온전한 모습으로
나는 성숙해져 갈 것입니다.

상품에도 정해져 있는 진열의 상관습이 있다.

비슷한 속성의 상품들은 위아래로 함께 종을 이루어 진열한다. 비슷한 효익의 상품들은, 그 옆에 횡으로 전개한다. 이런 식으로 상품들이 유사한 집단을 이루게 되면, 이것을 카테고리라고 한다. 그 측면으로 다시 연관성 있는 상품들이, 다시 카테고리를 이루며 전개된다. 상품 진열이 이러한 법칙을 따르는 것은, 고객이 상품들을 더욱 쉽게 찾고 이용할 수 있도록 배려하기 위함이다.

변화는 나의 생존 기반

우리가 어떤 모습으로 있든
고객들은 차이점을 알 수가 없습니다.

어쩌면 우리만큼 관심이 없어서
그럴 수도 있습니다.

그렇지만 매일매일 나는 변화하고 있습니다.
크든 작든 변화는 나의 생존 기반입니다.

의례적인 식상함에서 벗어나지 못한다면,
나 같은 상품의 생명력은 보장될 수가 없습니다.

그런데 그 지속되는 개선이
피로를 불러일으킵니다.

대부분의 경우,
우리는 개선 피로 증후군을
이겨 내기가 어렵습니다.

이런 이중적 태도로 인해 사람들은
변화를 알아채지 못하는지도 모르겠습니다.

상품의 진열 빈도가 최소화되는 지점에서, 안정된 진열 모습이 완성된다.

진열 역시 가장 효율적인 방법을 찾을 수가 있다. 낱 병, 번들 상품, 박스의 순서대로 진열량을 정한다. 지역 소주를 중앙에 놓아 포인트를 주고, 좌우에 전국 소주를 배치하고, 나머지 소주는 진열 선반에 함께 모둠 진열을 한다. 이렇게 함으로써 모든 소주가, 각자의 가치만큼 돋보이게 되었다.

편리해진 기능을 무시하고

씻어 나온 쌀이 내가 처음은 아닙니다.
내가 깨끗하게 씻어 나온 것은 꽤 오래된 일입니다.
그런데도 어쩐지 사람들의 반응은 시큰둥합니다.

너무나 오랫동안
나를 씻어서 조리하던 습관은,
편리해진 그 기능을 무시하고
여전히 나를 다시 씻고 있습니다.

나는 물만 부으면 바로 밥을 지을 수가 있는데도
그래서 물도 절약할 수 있는데도,

너무나 완벽하게 박혀 있는 쌀에 대한 씻는 습관은,
나 같은 기능성 쌀의 상업화에
가장 강력한 걸림돌로 존재하고 있습니다.

내가 바뀌어도 사람들이 바뀌지 않으면
아무런 소용이 없습니다.
사람이 바뀌어야 비로소 내가 의미가 있습니다.

＊ 소비 트렌드에 맞춘 기능성 쌀

본질의 변화 없이, 고객에 대한 접근 방법의 변화만으로도 신상품은 탄생할 수 있다.

용도와 편리성에 호소하는 상품의 개발은, 고객의 공감을 얻고 있으며 대체로 성공하고 있다.

필요한 만큼만

이렇게 가로로, 세로로
나를 나누어 놓는다고
무엇이 달라질까 싶지만
실제로는 매우 유익한 일입니다.

1인 또는 2인의 요리에
알맞을 뿐만 아니라,
무엇보다도 필요한 만큼
이용하는 것은,
식재료를 낭비하지 않을 수 있기
때문에 좋습니다.

기존의 습관에서 벗어날 수 있다면
나는 정말 효율적이고
실용적인 상품입니다.

이제는 작은 것이 미덕이고
작은 것이 아름다운,
식탁 문화의 새로운 트렌드입니다.

가족 구성원의 변화 역시, 신상품 개발을 촉진하는 새로운 환경이다.

식습관과 생활 문화의 변화는 인구의 변화, 즉 가족 수, 나이, 직업, 결혼 등으로 인해 자연스럽게 변화할 수밖에 없다. 이러한 변화에 적절하게 대응할 수 있는 상품의 출현은 필연적이다.

달라질 수 있다는 것이

확실히
꾸미고 가꾸어야
예뻐 보이고 맛있어 보입니다.

양념 하나로 내가 이렇게
달라질 수 있다는 것이 신기하기도 하고,
그런 나를 보며 침을 흘리는 고객들을 보니
스스로가 참 대견스럽기도 합니다.

부드러운 살 속에 당기는 매운맛은,
묘한 조화를 이루면서 고객들을 유혹합니다.

버무리는 단순한 행위를 통해
나는 완벽한 상품으로 태어났습니다.

부가 가치 창출 과정의 단계가 길어질수록, 상품의 가치는 더욱 커지게 마련이다.

상품의 가치를 증식하는 일은, 최종 이용 단계에서의 효용의 크기를 극대화하는 것에 있다. 부가 가치 창출 과정이 길어질수록, 상품은 완전함에 다가가게 된다.

단순한 간식에서 현대적 별미로

밀가루를 대충 두르고 태어났던 내가,
이렇게 호사스러운 생활을
누리게 될 줄은 몰랐습니다.

오랜 시간 기억되어 있던
'익숙한 맛에 대한 추억'이 남아 있기에

핫도그 하나로도
전문 로드 숍을 만들 수 있는
시대를 만들어 낸 것 같습니다.

원료부터, 튀기는 기술과 식품 첨가물까지
계속 발전해 가는 음식 문화는,

나를 그저 단순한 간식에서
현대적 별미로 진화시켰습니다.

나를 옛날의 나로 기억하는 모든 고객,
나를 꼭 찾아 주세요.
나의 새로움에
아마도 깜짝 놀랄 겁니다.

＊ 청춘쌀핫도그

과거의 추억이 현대적 기술을 통해 태어나는 것도, 좋은 상품 개발이다.

과거의 상품을 그대로 갖고 오는 것은, 실패할 위험이 크다. 그것은 현대의 고객을, 과거의 소비자로 대우하려는 것과 같기 때문이다. 복고풍 상품조차도, 이미 달라져 있는 현재의 고객에 맞추어 새로운 콘텐츠를 입어야 하는 것이다.

02

번민과
갈등

상품을 찾아 떠나는 여행에서 **번민이란**
특정한 상황이나 사건에 대하여
깊은 사고에 빨려 들어가면서
헤어 나오지 못하는 마음의 상태를 말한다.

과도한 정신적 스트레스로 인하여
선택적 오류를 범할 가능성이 매우 높은 상태이다.

또한, **갈등이란** 외부와 내부의 현안들을
내적 범위 안에 가두어 두고 대립하고 충돌하며
부딪히는 마음의 상태를 말한다.

갈등은 자원을 성과 없이 소모하는 부정적인 면도 있지만,
새로운 차원으로 도약시킬 수 있는
긍정의 에너지도 포함하고 있다.

몸에 돋친 가시만큼이나

오랜 시간, 세상을 대하는 나의 태도는
내 몸에 돋친 가시만큼이나 까칠했습니다.
누가 되었던 상대방은 그런 나 때문에
많이 아파했을 겁니다.

그 누구도 나에게 접근할 수 없었지만, 나 자신 역시,
나 스스로에게 접근하는 것이 허락되지 않았습니다.

그토록 거칠게 지켜 냈던 것이 겨우 이 알밤 한 톨이라니,
내가 치러 온 대가가 너무나 크게 다가옵니다.

세상을 놔주듯 알밤을 놔주어야 하는데,
이제 나는 다시 무엇을 고집하며
살아가야 하는지 혼란스럽습니다.

움켜쥘 것이 없었더라면 처음부터
까칠하게 살아오지는 않았을 텐데,
그 많은 고통 속에서조차 나는 안으로만 삭여 왔습니다.

알밤을 놓아주고 나도 놓아주렵니다.
이제 모든 것을 놓아주어야 할 때가 된 것 같습니다.

기존 사고의 틀을 깬다는 것은, 다시 태어나는 것만큼이나 고통스러운 일이다.

견고하게 다져 온 생각과 행동이 갑자기 바뀔 수는 없는 일이다. 천천히 변화해 가려는
것조차, 처음 기대와는 다르게 변질될 수 있다. 변화라는 것 자체가 변화를 하려 해도,
변화를 하지 않으려 해도 그만큼 어려운 일이다.

무의식에서는 나를 밀쳐 내고

나처럼 전통이 있고
훌륭하고 건강한 상품이,
왜, 하루살이 스치듯
짧은 삶을 살다 가야 하는지
모르겠습니다.

명절에만 잠시 나왔다가
오랜 시간을 견뎌
되돌아올 때까지,
어두운 세월의 터널 속에
갇혀 지내야 합니다.

평소에도 나는 존재할 수 있는데,
고객들의 무의식에서는
나를 자꾸만 밀쳐 내고 있습니다.

명절과 함께 나타났다가
함께 사라지는 나는,
나를 알리기에는
시간이 너무나 부족합니다.

실체가 보여야만 인식될 수 있는 상품은, 한정된 욕구 환경에 갇혀 있는 것이다.

평소에는 잘 팔리지 않는 상품이 있다. 그러나 어떤 특정한 상황이 되면, 너무나 잘 팔리는 것을 경험하기도 한다. 그런 상품은 그 특화된 환경에 의해 보호되고 있기도 하지만, 사실은 그 환경을 극복하지 못하고 있는 것이기도 하다.

사람에 따라 달라져야 하는 건지

누구는 나를 보면서
살을 뺄 수 있겠구나 하는
희망을 다짐하고,

누구는 나를 보면서
맛이 있겠구나 하고
디저트로 끝내 버립니다.

이렇게도 저렇게도
어떻게든 다 맞는 말 같습니다.

고객에 따라 달라져야 하는 건지
나를 고집해야 하는 건지
나도 나를 잘 모르겠습니다.

도대체 나란 존재는
뭐란 말입니까?

❋ 풀무원 다논 액티비아

동일한 상품이라 하더라도, 고객에 따라 다르게 이용될 수 있다는 것을 잊으면 안된다.

다이어트에 유익하다고 해서 이용할 수도 있지만, 그것이 살을 더 찌게 만들 수도 있다. 상품 그 자체보다 중요한 것은, 그것을 어떻게 이용하게 할 것이냐 하는 것이다.

무엇이 옳은지 그른지

햇배인 나는 100g당 330원입니다. 낱개, 한 개 단위로 가격이 표시되던 것과 다르게, 그램으로 표시되었습니다. 무엇이 옳고 그른 것은 없습니다. 어차피 나와 같은 1차 농산물들은, 개당 가격이나 그램당 단위로 표시될 수밖에 없습니다.

나를 개당 가격으로 표시하면, 고객이 구매하기 쉬운 장점이 있습니다. 큰 것과 작은 것의 크기 차이로 인해, 고객들이 나를 마구 휘저어 놓는다는 단점은 있지만요. 나 같은 과일은 손을 타면 금방 선도가 저하되어 생명력이 짧아질 수밖에 없습니다.

나를 그램으로 표시하면, 사람들은 나를 필요한 만큼만 구매할 수 있는 장점이 있습니다. 어떤 것을 고르든지 무게대로 가격이 정해지기 때문에 굳이 나를 흩트려 놓지 않습니다.

그렇지만 단점도 있습니다. 한 고객, 한 고객 살 때마다 저울에 계량을 해야 하고 가격표를 뽑아 줘야 하기 때문에 고객들이 나를 자유롭게 사 갈 수가 없습니다.

어느 방법을 선택하든 고객들에게 유익할 수 있는 방향으로 결정되었으면 합니다. 나는 고객들을 위해 존재하니까요.

* 단위 가격과 중량 가격

어떤 특정한 것이 옳을 수는 있다. 그렇다고 해서 그것이 모든 것에 적용되지는 않는다.

별개로 보면 옳은 것들도, 다른 것에 적용해 보면 다름이 생겨날 수 있다. 그러니 꼭 하나의 기준만 존재할 필요는 없는 것이다. 욕구가 많아질수록 다양한 기준이 필요해진다.

내가 아무리 희귀하고 유익해도

내가 약인지, 곡식인지,
과일인지, 식품인지,
나조차도 나의 정체성을
알 수가 없습니다.

그러니 고객들은 나를 보면서
얼마나 헷갈리겠습니까?

내가 아무리 희귀하고 유익해도
사람들에게는 어색한가 봅니다.

어떻게 사용해야 할지,
무엇에 좋은지
풍문으로 들은 것만으로는,
안심하고 이용할 수가 없겠죠.

그래서 나는 소중하기도 하고
애물단지이기도 합니다.
나는 어떻게
존재하고 있어야 할까요?

✳ 곡식 가루

상품의 '그냥 좋은 것이니까'라는 기대감만으로는, 실패를 예정하고 있는 것과 같다.

어떻게 좋은지, 왜 좋은지, 누구에게 좋은지를 설득하지 못한다면 좋은 것이라는 의미는 중요성을 잃게 된다. 그것이 설득되어야 비로소 상품으로 기능할 수 있는 것이다.

민낯으로 파는 황당한 일

　나는 갈빗살이라고 불리며 출생지는 미국이나 호주입니다. 물론 모든 나라가 출생지입니다만 주요 출생지가 그렇다는 것이지요. 정성스러운 손질을 통해 럭셔리하고, 폼이 나게 한 자리 차지하고 있습니다. 헐~ 그런데 그런 나를 손질 하나 없이 민낯으로 파는 황당한 일이 발생했습니다. 이런 당황스러움은 저뿐만 아니라, 그동안 저를 그렇게 아껴 주던 고객들까지 깜짝 놀라게 했습니다. 정말 이런 흉한 모습을 많은 고객에게 그대로 보여 줘도 되는 겁니까? 원래의 나는 덩치도 크고 400~500kg이나 나가는, 그보다 더 나갈 때도 있습니다만, 그렇게 거대한 무게로 인해 사람들에게 큰 믿음을 주고 있었습니다. 그런 나를 뼈 없는 닭강정이라는, 볼품없는 닭에서 따온 '뼈 없는 갈비찜'이라는 이름으로 부르기 시작했습니다. 뼈가 없는 게 아니라 어이가 없었습니다. 정말 나를 이렇게까지 비하해도 되는 것입니까?
　그런데 말입니다. 그렇게 꾸미지 않은 모습과 정확한 조리 용도의 개명으로 인해 나는 폭발적인 인기를 누리게 되었습니다. 원래의 내 이름은 갈빗살이었지만, '뼈 없는 갈비찜'으로 이름이 바뀌더니 내 몸이 익혀지는 순간 나는 또다시 '소고기다!'로 고객들에 의해 이름이 바뀌었습니다. 고객들은 나에 대해 정확히 알려고 하지도 않습니다. 그냥 먹던 습관대로, 조리되던 모습대로 그냥 그렇게 마구 불러 댑니다. 나는 항상 인기가 있지만 무엇을 통해 나를 정확하게 표현해야 하는지 알 수가 없습니다. 그래서 나는 공유라는 도깨비처럼 고민하면서 수백 년, 수천 년을 살아가고 있습니다. 이제 나는 나의 최후의 모습으로 불리고 싶고, 그런 이미지로 남고 싶습니다. 많은 혼란을 정리하고 사람들에게 쉽게 다가가고 싶습니다.

기존의 기득권을 내려놓지 않는 한, 새로운 길로 나가는 것은 불가능한 일이다.

관념화되고 익숙해진 행동을 버리고 새로운 행동을 취한다는 것은, 모든 면에서 스트
레스다. 대개의 경우는 그 스트레스에 복종하게 되고, 여전히 이전과 같은 상품 형태
를 유지하게 된다.

삶을 지배하는 시대정신의 총합

사실의 전달이 진실을 전달하지
않을 수도 있다고 했습니다.
사실이라는 것은 이해관계에 따라
변형되고 왜곡되기 때문에 그럴 것입니다.

활자화되고 그럴듯해 보인다고
나를 무조건 진실일 것이라고 보는 것도
위험한 일입니다.

나는 그저 주장하는 특정인의
주관적 가치를 전달해 주는,
의견의 운반 수단에 지나지 않습니다.

나는 모두에게 유익하지만
모두를 기만에 빠뜨릴 수도 있습니다.

나의 가치는 존재함에서 나오는 것이 아니라,
공감의 크기에 의해 좌우됩니다.

그럼에도 나는 당신의 삶을 지배하는
시대 정신의 총합입니다.

신뢰할 수 있는 것이라고 생각되던 것들이, 가장 신뢰할 수 없는 것일 때도 있다.

권위를 무조건적으로 수용하거나 이성적으로 판단하지 않는다면, 예상하지 못한 커다란 상처를 입을 수도 있다.

고정화된 선입견

살아서 고객의 집까지 갈 수 있는 상품이 몇 개나 되겠습니까?
내가 그 희소한 경우 중 하나라는 것 아닙니까?

사실 나를 산 채로 요리한다고 해서 반드시 더
신선한 것도 아닌데, 고객들의 편견은 언제나 일방적입니다.

나는 활 꽃게, 생꽃게, 냉동 꽃게, 무침 꽃게,
장조림 꽃게 등 무수히 모습을 바꿀 수 있습니다.
그런데 꽃게인 나의 입장에서는, 급속 동결한
냉동 꽃게의 형태가 가장 신선할 것이라는 생각이 듭니다.

내가 살아 있을 때는 스트레스와 영양분 소모로,
생꽃게일 때는 부패의 진행으로,
가공된 꽃게일 때는 제조 과정에서 오는 영향으로,
나의 신선도에 문제를 일으킵니다.

고객이 고정 관념화된 선입견만 놓아줄 수 있다면,
지금보다 훨씬 더 신선하고 맛있는 나를 만날 수 있습니다.

고객들의 생각 속에 정작 있어야 할,
나의 진실한 모습은 왜 없는 건가요?

오랜 습관과 믿음이, 꼭 옳고 바람직한 일은 아닐 수도 있다.

지금까지 생각해 왔던 일들과 상식들이 잘못된 것이라는 사실을 깨닫게 될 때, 고객들은 충격으로 인해 그것을 그대로 인정하기가 어려워지기 마련이다.

약과 과일의 경계에 서서

예전에 목포와 영암 사이를 오가다 보면, 9월과 10월에는 길거리에서도 나를 볼 수가 있었습니다.

클레오파트라도 즐겨 먹었다는 이유로, 여왕의 과일이 되었습니다. 그러나 여왕과의 입맞춤은 너무나 오래된 일이라 현재의 사람들을 설득하기가 어렵습니다. 그래서 여전히 나에 대한 호불호는 매우 정확하게 나뉩니다. 쥐도 먹지 못하는 고객과 익지도 않은 것을 마구 먹는 고객도 있습니다.

특히나 피부 미용과 여성에게 특효가 있다는 무성한 소문으로 인해, 나는 여성 전용 과일로 더욱 유명해졌습니다. 그래서 일부 여성에게는 절대 믿음의 존재가 되었습니다.

체리는 대부분의 여성이 좋아하는 반면, 무화과인 나는, 나를 아는 여성들만이 좋아할 뿐입니다. 생과일 형태로는 기호가 뚜렷한 반면, 건과일 형태로는 누구나가 맛있다고 합니다. 그렇지만 건과일 형태로는 너무 비싸기 때문에 쉽게 접할 수가 없습니다.

과일이 믿음의 대상이 된다는 것이 쉽지 않은 일이지만 나는 그 부류에 속해 있습니다. '약'과 '과일'의 경계에 있는 나 때문에, 고객들은 번번이 혼란을 겪습니다. 그만큼 나는 존귀한 존재입니다.

* 무화과

상품이란 고객의 바람에 따라, 가치가 달라지게 마련이다.

상품은 필요한 사람에게, 필요한 때에, 필요한 만큼, 공급이 되면 된다. 모두에게 좋다고 모두가 동일하게 효과를 얻는 것은 아니기 때문이다.

내 빈자리가 클 텐데

　참으로 어이가 없습니다. 한참 귤을 팔고 있어야 하는 시기에 뜬금없이 오렌지인 나를 투입하는 겁니다. 아니 왜 귤이 해야 할 일을 내가 해야 하는 겁니까? 나는 이유를 알 수도 없이 산같이 쌓였고, 이래도 되나 싶을 정도의 많은 양이 시식으로 사라졌습니다. 오렌지인 내가 귤보다 조금 더 낫다고 이렇게 계절과 상품에 대한 예의를 저버려도 되는지 의문이 들었습니다. 그렇지만 나는 이미 엄청난 속도로 팔리고 있었고, 그런 결과가 진실인 양 이미 증명되어 버렸습니다.

　산같이 쌓아 놓은 탓에 엄청난 무게에 짓눌리면서도 나는 당당하게 버텼습니다. 나는 이보다 더 힘든 비축이라는 잔혹한 시간도 견뎌 냈습니다. 비축이라는 힘든 시간을 견뎌 내지 못한 오렌지들은, 참혹하게 곰팡이에 둘러싸여 생을 마감하기도 합니다. 그래도 우리 오렌지는 주위 오렌지에게 피해를 주지 않기 위해, 최후까지 부패해 가는 모습을 자신 안에 가두려는 노력을 합니다. 그래서 주위의 오렌지들은 곰팡이를 훌훌 털고 다시 생생한 삶을 살아가기도 합니다.

　만화 캐릭터 도라에몽 분장을 뒤집어쓴 사람의 소란스러움과 시식 후의 어수선함에도 나는 꿋꿋이 팔려 나갔습니다. 이렇게 팔 만큼 팔다 보니 문제가 생겼습니다. 먹을 만큼 먹었는지 판매량이 줄어들기 시작했습니다. 이미 당겨져 버린 나의 판매 기간, 그 공백을 메울 것이 마땅치가 않습니다. 딸기도 있는 듯 없는 듯 겸손하게 있다가 사라지고 있습니다. 대안이 수입 포도밖에 없는 것 같은데 가격이 높아서 참으로 걱정스럽습니다. 오렌지인 내 빈자리는 클 텐데, 그 자리를 누군가는 잘 채워 주기를 바랄 뿐입니다. 내가 이렇게 내 주제를 모르고 오지랖 넓게 고민하다 보니 이런 경우를 당한 게 아닌가 싶기도 합니다만, 그래도 계속되는 고민은 어쩔 수가 없나 봅니다. 나는 이렇게 걱정스럽게 올해를 보내고 있습니다.

＊ 오렌지와 자몽

최선이 아니면 차선, 차선이 아니면 차차선이라는 선택이 우리에겐 여전히 남아 있다.

계절은 마치 약속이나 한 듯 과일을 선물한다. 그러나 간혹 엇갈릴 때가 생기게 마련이다. 그만큼 살아 있는 생물을 취급한다는 것은 쉽지 않은 일이다.

마치 식품 같다는 느낌

이렇게 나의 모든 것을 보여 줘야만,
비로소 믿을 수 있는 세상이 되었습니다.

우리 같은 세제가 먹는 것도 아닌데
우리의 겉모습만 보면,
마치 식품 같다는 느낌이 듭니다.

그렇게 사람들을 현혹할 것이 아니라,
투명하게 표현하고 투명하게 만드는
자정 노력이 필요할 것 같습니다.

나의 몸속에 아무리 좋은 것을 추가해도
사람들에게 해로운 첨가물이 들어가 있다면
아무 소용도 없을 것입니다.

나는 그저 사람들에게
유익하게 활용되기를 바랄 뿐입니다.

＊ 주방 세제

상품의 품질에 대하여 믿지 않으면, 믿게 할 방법은 없다.

고객에게 한 번 무너진 신뢰를 다시 재건하는 일은, 결코 쉽지 않은 일이다. 그것은 신뢰를 어긴 사람 탓이라기보다는, 배신에 상처를 입은 고객의 마음이 치유되기 어렵기 때문이다.

뻔뻔하게 내민 얼굴

내가 이렇게 뻔뻔하게
얼굴을 내밀고 있어도
되는 건지 모르겠습니다.

나를 반기는 과일은 없지만
나는 누구도 가리지 않고
기회만 되면 언제든지
나타납니다.

특히 고온 다습하고
단맛이 나는 과일이라면,
최단 시간 내에
상상할 수도 없는 속도로
온 표면을 뒤덮어 버립니다.

그래서 나를 보는 사람들은
오해를 할 수밖에 없습니다.

제발 나에게는 조금의 틈도 주지 마세요.
나는 당신이 상상하는 이상의
번식력을 가지고 있습니다.

어쩜 최선이라는 것은 존재할 수 없는 것이기에, 꾸준히 노력하는 것인지도 모른다.

아무리 철저하게 상품을 관리한다 해도, 잘못은 의외로 빈번하게 일어난다. 그러나 그 한 번이 모든 것을 뒤집게 놔두는 것 역시 잘못일 수밖에 없다.

왜 만들어졌는지

어쩌면 나는, 또 다른 도전이며 시련입니다.
나처럼 여러 가지가 하나로 묶여 판매되던 상품들은
이제 인기가 없어졌습니다. 그도 그럴 것이,
내용물들이 기대하는 것과는 많이 다르고,
상품이 주는 콘텐츠도 없기 때문입니다.

과자 상자 전용으로 만들어져 식상한 상품들로 채워지거나,
재고 처분을 목적으로 한다는 그런 느낌을
지울 수 없는 때도 있습니다. 때때로 왜 만들어졌는지
도저히 알 수 없는 것들도 있어 가슴을 아프게 합니다.

더 먼 예전의 과자 상자들은 아이들의 간절한 소망이자,
꼭 받고 싶은 선물 1호였습니다.
그때는 인기 있는 모든 상품을 담으려고 했습니다.
재고를 정리하려 하거나 박스 전용 상품을 따로 만들지 않고,
정직하게 좋은 상품을 착한 가격에 판매한 것입니다.

지금은 포장 비용이 너무나 비싸져서 여의치 않을 수도 있겠지만,
우리 같은 묶음 상자가 존재하는 이유가 무엇인지 스스로가
깨닫지 못한다면, 우리 역시 똑같은 이유로 소멸되어 갈 것입니다.

＊ 스낵박스

공급자의 관점에서 개발한 상품은, 소비자를 향한 가엾은 짝사랑에 불과할 뿐이다.

상품은 공급이 아니라 수요의 관점에서, 그 필요성이 정당화될 수 있어야 비로소 생존
할 수가 있다. 결국 돈을 지불하는 것은 고객이기 때문이다.

소비 습관이 만들어 낸 품질 기준

우리 같은 생수는 편의품이기 때문에 즉흥적으로 눈앞에서 구매를 결정합니다. 물론 선호하는 브랜드가 있는 경우에는 다르겠지만요. 아무것도 보이지 않는 맑고 투명한 우리를 보면서 사람들은 품질에 대해 격론을 벌일 때도 있습니다. 우리는 생체의 필요에 반응합니다. 기본적으로 목마름의 욕구를 충족함에 있어서는, 우리의 품질 차이가 의미 없어 보입니다. 물론 우리는 산지에 따라 맛도 다를 것이고 성분도 다를 것입니다. 그러나 그것이 의미 있는 것이고 또, 실용적인 차원에서 화폐로 환산할 만한 가치가 있는 것인지는 고민해 봐야 할 것 같습니다. 적어도 그냥 물을 마시는 사람들의 입장에서는요. 그러면 결국 남는 것은 거리입니다. 우리가 어디에서 오는가에 따라 물류비를 포함한 제반 비용은 많이 달라질 겁니다.

우리는 프랑스에서 올 수도 있고, 백두산이나 제주도에서 올 수도 있고, 경상도나 강원도의 깊은 산속에서 올 수도 있습니다. 상대적으로 가까운 연천이나 포천에서 올 수도 있습니다. 우리는 단순히 채취되고 포장된 상품이라, 부가 가치가 적습니다. 부가 가치가 적은 상품들은 차별적인 요소를 아무리 많이 가졌다 하더라도, 제값을 받을 수 있는 경우가 드뭅니다. 그래서 우리는 이미지를 만들어야 합니다. 이미지를 입히면 그 순간부터 우리는 브랜드가 되고, 고객의 가격 저항을 뛰어넘을 수 있게 됩니다.

우리는 미세한 차이에 의해 도태되기도 하고 1등이 되기도 합니다. 하다못해 우리가 입고 있는 플라스틱 옷의 두께에 따라서도 품질의 차이를 느끼는 사람들이 있습니다. 이것은 소비 습관이 만들어 낸 품질 평가의 기준이 적용된 탓도 있습니다. 이것을 우리 중 둘은 통과했고, 넷은 통과하지 못했습니다. 사람들이 쉽게 알아보듯이 당신도 금방 알아챌 것입니다. 우리의 품질 차이는 가격의 차이와 밀접한 관계가 있을 수도, 없을 수도 있습니다. 오직, 당신의 선택에 달렸기 때문입니다.

＊ 생수의 차이점

상품의 차이를 강조하면 할수록, 그 상품들은 더욱 동질화되어 있다는 것을 의미한다.

차이점을 강요적으로 압박하는 것은 소용없는 일이다. 상품의 캐릭터를 분명히 해 줘야 한다. 이것이 중요한 이유는, 차이가 없는 상품일수록 아주 사소한 것에 의해서도 결정적인 차별화가 이루어질 수 있기 때문이다.

치열한 생존 경쟁 탓

어차피 김치가 담길 내가
이렇게 다양하게 표현되는 것은
그만큼 김치도, 사람도,
까탈스럽기가 그지없기 때문입니다.

어차피 냉장고에 들어갈 내가
이렇게 여러 모양으로 널려 있는 것은
냉장고들끼리의 치열한
생존 경쟁 탓입니다.

어차피 일 년 내내 먹는 김치인데
그럼에도 이렇게 많이 내가 진열된 것은,
지금이 김치를 담그고 익히는 데는
가장 좋은 계절이기 때문입니다.

치열한 경쟁 속에
나만이 풍요를 누리고 있습니다.

* 냉장고용 김치 통 행사

무엇을 선택하게 되든 시간은 결국, 모든 것을 진부하게 만들어 버리고 또다시 새로운 것을 요구하게 될 것이다.

표준화는 심플한 편리함이 있지만 단조로움을 낳고, 특성화는 기호에 맞는 다양성이 있지만 복잡함을 낳는다. 이 둘은 끊임없이 돌고 돌며, 퇴행과 진화를 반복해 나가고 있다.

허락도 없이 함부로

아무리 통사정을 해도,
일에 밀려 가는 사람들은
들은 체도 하지 않습니다.
일단 자신의 일이 끝나야 하는
압박감 때문인 것 같습니다.

다른 사람과 파트너가 되어 있는 나를,
허락도 없이 함부로 사용합니다.
그리고 어딘지도 모를 곳에
나를 유기해 버립니다.
그러니 이런 간곡한 문구로
호소를 하는 것이지요.

나 같은 캐리어는
충분하고도 남음이 있는데도,
왜 그렇게 이성적이지 않게
사용하는지 알 수가 없습니다.

우리 같은 캐리어는,
사람들의 이해할 수 없는
행동 때문에 더 고달픕니다.

주류끼!

제발 가져가지 마세요ㅠㅠ

가져가면 술 병들고 좋아가요!!!ㅠㅠ

통제되지 않는 자율은, 강압만큼이나 해롭다.

공동생활에서 기본적인 규칙을 지킨다는 것은, 자신과 타인의 공동의 이익을 위해서
도 매우 중요한 일이다. 권리를 남용하는 것은, 공동생활에 있어서 또 다른 불공정한
행위가 될 수 있다.

베스트 상품을 뭘로 보고

한쪽에 잘 처박혀 있던 나를,
갑자기 이렇게 끌어내도 되는 겁니까?

오가는 고객들로 북적이는데 그 고객들은
어떻게 지나가라고, 대책도 없이 나를
동선 한가운데 내동댕이쳤습니까?

나 같은 베스트 상품을 뭘로 보고, 과다 재고가 될 거라는
지레짐작으로 정말 이래도 되는 겁니까?

정말 멍청하군요!
"상품은 팔 수 있을 때 파는 것이다."
라는 것은 그냥 하는 소리입니다.

에이스인 내가 어떻게 팔리지 않고 남아 있을 거라고
생각하는지 정말 이해가 되지 않습니다.

나를 다시 조용한 창고로 옮겨 주세요.
급히 오느라 여독도 풀리지 않아 많이 피곤합니다.
같이 온 두 개의 팰릿도 여전히 창고에 있는데
왜 나만 가지고 이러냐고요?

* 햇반 행사

영업이란 상황을 통제하는 것이 아니라, 그 상황에 효과적으로 대응하는 것이다.

상품 전개의 최적의 조합이, 최대의 매출을 일으키는 지점을 찾아가는 것이, 영업 활동의 정수이다. 그렇게 하려면 매번 상황마다, 효과적으로 접근하려는 자세가 중요할 수밖에 없다.

뭐로 만들었는지

캠벨과 비슷하지만 캠벨도 아니고,
고객들은 나를 '뭐로' 만들었는지 궁금해합니다.
그렇게 '뭐로' 만들어졌을까를 궁금해하는
고객들 때문에 내 이름이 '머루'가 된 것 같습니다.

캠벨은 달고 시원한 맛이 좋아서
많은 고객의 사랑을 받아 왔습니다.
머루인 나는 너무 달아서 좋아하는 고객은
너무 좋아하고 싫어하는 고객은 너무 싫어합니다.

우리 같은 포도는 당도와 산도의 균형에 의해 맛이 결정됩니다.
산도가 너무 높으면 맛이 시고, 조금 낮으면 맛이 가볍고 시원합니다.
당도가 너무 높으면 맛이 거북하고, 조금 낮으면 맛이 달콤합니다.

그래서 고객들은 늘 그것이 불만입니다.
우리는 늘 같은 듯 다르기 때문에
아무도 우리를 정확히 알 수가 없습니다.

어쩜 그것이 우리의 진정한 매력일 수도 있겠습니다.
그러니까 놓치지 마세요. 지금 이 순간을!

완전하게 할 수 없는 것에는, 그만큼의 다른 매력이 있다.

정확하게 품질 기준을 맞추어 생산할 수 없다는 것은, 그만큼 고객들을 자극하고 깨어 있게 할 수 있는 장점이 있다. 그러니 당황하지 말아야 한다. 불완전함의 이면에는, 긍 정의 에너지가 있기 때문이다.

생긴 그대로 담긴 그대로

나 같은 상품을 가둬 두면
답답해서 견딜 수가 없습니다.

물론 RRP(Retail Ready Package) 박스라고 해서
우리를 생긴 그대로,
담긴 그대로 진열하기 위해
특별히 디자인된 박스에 담겨 오긴 합니다.

그렇지만 운반과 보관 시의 안전성 때문에,
고객들에게 온전히 나를 보여 주는 것에는
한계점이 있을 수밖에 없습니다.

그래서 이렇게 조금 더 절단을 해 주어야
비로소 정확하게 나를 표현할 수가 있고
고객들의 반응도 확실히 다릅니다.

나를 조금 더 온전히 해 주고
조금 더 완성도를 높여 주는 사람이 있어서
그가 늘 곁에 있어서 나는 행복합니다.

＊ RRP(Retail Ready Package) Box

디자인이 사물과 감성을 지배한다.

상품이 또는 상품의 박스가 어떻게 디자인이 되느냐에 따라, 견고성이나 비주얼 등이
다르게 나타날 수밖에 없다. 디자인은 상품의 부족한 부분을, 더 빠르고 완벽하게 채
워 나갈 것이다. 상품이란, 고객이 원하는 대로 현실에서 이루어지기 때문이다.

손실을 초래하는 부분의 최선

전체의 최선을 위해 부분의 희생을
감수하는 경우도 있고,

부분의 최선을 위해 전체의 손실을
초래하는 경우도 있습니다.

지침에 따라 최선을 다하는 경우도 필요하고,
최선을 다하기 위해 기꺼이
지침을 어기는 경우도 필요합니다.

전체의 통일성은 효율을 높이지만
무기력을 학습시키고,
개별의 최선은 성과를 높이지만
전체의 콘텐츠를 약화시킵니다.

그러나 그 모든 것이
지속적 성장을 위한 비용이라면
기꺼이 지불해야 합니다.

나는 사람들이 그렇게 성장하도록
유도하는 딜레마입니다.

전체의 조화로움이, 개별 상품의 특성을 강조하는 것보다 우선순위에 있다.

POP(사인물)가 매장의 배경이 되는 상품들의 스카이라인을 가리는 것은, 좋은 진열
이 될 수 없다. 전체의 조화 속에서 특정 상품이 돋보일 수 있도록 고민하는 것이, 상품
표현의 시작이다.

강렬한 어둠이 없었더라면

내가 이렇게, 선명하고 밝게 빛날 수 있는 것은
정말, 역설적이게도 어둠이 짙게 내려앉아서입니다.
만일, 강렬한 어둠이 없었더라면
강렬한 불빛도 존재하지 못했을 것입니다.

무엇은 옳고 그 반대는 틀리다고 하는 생각은,
사람들에게 유익하지 못합니다.
그 무엇과, 그 반대되는 것이 어떻게 조화를
이룰 수 있느냐가 훨씬 더 중요한 가치를 갖습니다.
지금은 옳았지만 머지않아 그조차 잘못된 것으로
지탄을 받을 수도 있는 일입니다.
계속 변화하는 사람들에게, 언제나 변함없는 절대적인
가치가 존재할 수 있을지 의심스럽기까지 합니다.

내가 사라지면 세상의 모든 형체가, 색깔이, 동시에 사라집니다.
나만 존재한다면 세상이 온통 새하얘져서
아무것도 보이지 않게 될 것입니다.
나는 나 하나로만은 할 수 있는 것이 없습니다.

사람들도 삶에서 이러한 이치를 깨닫는다면,
현재의 삶이 더욱 윤택해지고 행복해질 것이라 믿습니다.

정반대의 상황에 부딪치는 것이, 꼭 부정적인 결과를 낳는 것은 아니다.

무엇이든 조화를 이루려면, 서로에게 강력하게 부딪쳐 갈 수 있는 양립하는 에너지가
필요하다. 그것은 때로는 대립으로, 때로는 조화로 나타난다.

눈을 치웠는데 왜 내가

쌓인 눈을 치웠는데,
왜 내가 희생되어야 하는지
도무지 알 수가 없습니다.

눈과는 인연이 없는 내가
눈을 치운 사람들에게
바쳐졌습니다.

내일은 더 큰 눈이
온다고 하는데,
나는 이제 더 큰 제물이
될 운명인가 봅니다.

주된 것보다 종된 것이, 더 빛날 때가 있다.

이성보다는 감정의 지배를 받는 경우가 더 흔하다. 고객들은 그렇게 행동한다. 그래서 가끔은 보잘것없어 보이는 소소한 일들이, 더 감동을 주기도 한다.

03

욕심과
욕망

상품 속으로 떠나는 감정 여행에서 **욕망이란**,
스스로가 통제하지 못할 정도로 강력하게 분출되는
에너지의 힘에 지배되고 있는 마음의 상태이다.

솟구치는 욕망을 통제한다는 것은,
상황에 따라 숙련의 정도에 따라
다르게 나타날 수밖에 없는 것이다.

또한, **욕심이란** 자신이 취할 능력이 부족하다는 것을 알
면서도,
미련을 버리지 못하고 추구하고 있는 마음의 상태이다.
욕심은 무리한 행동을 일으키는 원인이 되기도 한다.

가치가 가격을 이끌어

마음을 충동질해 대는 충동성이 없었더라면,
어쩜 우린 벌써 파산을 했을지도 모르겠습니다.
이성을 마비시키고 오로지 본능에만 충실하도록 하는
이 충동성이야말로, 우리에게는 생존의 터전과도 같습니다.

겨우 1,000원 안팎이면 될 것을 그럴듯한
포장 용기를 내세워 4,000원을 받고 있습니다.
그럼에도 용기를 본 고객들은 슬러시인 나의
가격에 대해 이의 제기를 하지 않습니다.

슬러시인 나보다는 내가 담긴 용기에 대한
가치를 이미 계산한 탓일 겁니다.
어떤 용기에 담기든 나만의 가치가 존중되어야 하는데,
내가 담기는 용기에 따라 나의 가치가 변합니다.
이렇게 용기가 나를 지배할 수 있는 이유는,
그 용기가 고객들의 마음을 충동질하기 때문입니다.

가격이 높아지니 나를 대우하는 것도 달라졌습니다.
나를 위한 전용 대기실도 마련되었습니다.
가격이 가치를 이끌든 가치가 가격을 이끌든
나는 이미 대우를 받는 상품이 되어 버렸습니다.

* 슬러시 주스

가치만 인정받을 수 있다면, 상품으로서는 성공한 것이다.

모든 고객에게 가치를 인정받고 이용될 수 있는 상품은 없다. 상품에 특정된 욕구를 일으킴으로써, 이에 반응하는 고객이 그 상품의 고객이 되는 것이다.

그 많은 충동을 억누르면서

나는 남자들에게
남자들만의 쇼핑 시대를
열어 주었습니다.

나로 인해 남자들은
쇼핑이라는 즐거움을 얻게 되었고,
당당하게 자신의 콘텐츠를
가질 수 있게 되었습니다.

남자들에게도 그렇게 많은
욕구가 있는 줄 몰랐습니다.

그 많은 충동을 억누르면서 살아온
수많은 남자가, 나에게 열광했습니다.

복종과 책임감만이 강조되던
경직된 문화에서,
남자들은 비로소 자신을 찾아가는
여정에 올랐습니다.

나는 그들의 상징입니다!

상품에 대한 욕망의 문을 열어 줘라. 그곳에서 새로운 고객들이 쏟아져 나올 것이다.

고객의 분출되지 않고 있는 욕구를 찾아서 시장을 형성해 주는 것은, 흥미진진한 프로 젝트이다. 이와 관련된 엄청나게 많은 상품이, 전성기를 누리게 되기 때문이다.

맛은 먹는 양을 알 수 없게

고객의 식욕에 대한 욕망은 끝이 없습니다.
그것이 지나치다 보니 식탐이라고까지 비난을 받습니다.

그런데도 나는 다시 또 새롭게 개발된 도구로 인해
이렇게 탐스러운 먹거리로 태어났습니다.

열과 함께 성형이 가해진 나는 또다시
고객의 입맛을 자극하고 말았습니다.

맛은 먹는 양을 알 수 없게 만듭니다.
그렇기 때문에 고객은 항상 필요량보다
훨씬 더 많은 양을 먹을 수밖에 없습니다.

나도 이런 식탐을 원하는 것은 아니었습니다.
그러나 통제할 수 없는 식탐의 욕망은,
고객을 너무 과식하게 만들고 있습니다.

탐욕을 억제한다는 것은, 신앙적 수양만큼이나 어려운 일이다.

고객은 이성에 의해 행동하는 듯이 보이지만, 사실은 매 순간 감정에 흔들려 행동하고 있는 것이다. 그래서 그 감정을 잡는다면, 그 고객을 잡을 수가 있는 것이다.

금방 친해지게 하는 매력

나를 표현하고 싶은 욕망이
꿈틀댑니다.
내가 얼마나 인기 있는 맥주인데
나를 이렇게 초라하게
방치하고 있는 겁니까?

나를 보는 사람들은
군말 없이 나를 집어 듭니다.
내가 주는 효용의 가치를
이미 알고 있는 것입니다.

나는 하루의 피로를 풀어 주고
지인들과 즐거운 시간을
갖게 해 줄 뿐만 아니라,
낯선 사람과도
금방 친해지게 하는 매력이 있습니다.

나로 인해 사람들은 오해를 풀고,
화를 풀고 정을 나눕니다.
나는 삶의 에너지이며
생활의 윤활유입니다.

상품의 비주얼은 욕망을 자극한다.

시각적인 자극은 매우 충동적이다. 시각은 즉각적으로 고객의 행동을 이끌며 만족을 준다.

갖고 싶었지만 억제되었던

어떤 때는 인형이라고 하더니,
어떤 때는 쿠션이라고 합니다.

자기들 나름의 이유야 있겠지만
내 입장에서는, '양다리 걸치기'라는
비난을 피할 수가 없습니다.

내가 빼앗을 수 있는 것은
어린 동심만이 아닙니다.
엄마들은 물론이고,
성인 남성들의 마음까지
훔치고 흔들어 놓습니다.

갖고 싶었지만 억제되었던 어린 시절의 욕망,
피로를 끌어안아 주는 부드러움,
엄마 품처럼 포근한 촉감은 마치
반려 인형같이 마음에 착 달라붙습니다.

빼앗긴 마음의 빈 자리는 나로 인해
사랑으로 가득합니다.

900

시바견 바디쿠션
21,900
(1세트/1개판매)

새로운 욕구에 대한 접근 방법은, 새로운 시장을 만들어 낸다.

욕구를 대상으로 상품을 런칭하게 되면, 기존의 시장 질서는 충격을 받고 재편될 수밖에 없다.

칼날이 지나는 숨결 속에서

나에 대한 포장 변경이나
배열의 재배치만으로도
나는 신상품이 될 수 있습니다.
나에 대한 새로운 콘텐츠를
담을 수만 있다면…….

나는 이미
한 조각 한 조각
잘려 나올 때부터,
칼날이 지나는 숨결 속에서
장인의 기운을 담고 있었습니다.

어느 상품이 나처럼
정성을 기울이겠습니까?

단순함 속에 온전함이,
자연스러움 속에 강렬함이 있습니다.

본질적 가치의 불변에도 불구하고
효용적 가치가 계속 변화하는 한,
언제나 나는 신상품입니다.

* 50cm 회

패키지의 변화만으로도, 상품은 새롭게 태어날 수 있다.

상품의 내용물과 그 내용물을 담는 패키지가 결합되어 특정한 욕구를 자극한다. 그래서 내용물이든 패키지든 어느 하나의 변화만으로도 충분히 또 다른 욕구를 자극할 수가 있다.

욕망을 전달하는 비주얼

언제부턴가 이렇게
우리의 속내를 보이지 않으면,
소비자에게 선택을 받지 못하는
시대가 되었습니다.

글은 내용을 전달한다는데
우리의 비주얼은
욕망을 전달하나 봅니다.
우리의 외모는 훨씬 더 자극적이고
즉각적인 효과를 나타냅니다.

이전보다 비싸졌지만
이전보다 훨씬 더 많이
선택되고 있습니다.

상황과 감정에 따라 달라지는
상품의 효용적 가치 때문에,
내일의 우리 모습을
우리 역시 예측할 수가 없습니다.

맛은 시각에 의해 절반이 결정되고, 나머지는 상품의 품질에 의해 입증된다.

상품에 대한 설득은 시각에서 시작되고, 실제 맛에서 검증되는 과정을 밟는다. 따라서 패키지만 잘 만들어도, 이미 절반의 성공을 거두게 되는 것이다

누구와 뜨겁게 가슴을 달굴지

호랑이는 죽어서
가죽을 남긴다는데,
나는 내용물을 다 비우고
빈 병으로 남았습니다.

그런데 자원 재활용이 강조되면서,
나는 다시 자산으로서의
가치를 가지게 되었습니다.

내용물이 담겨 있을 때는
운반 수단의 역할을 하고,
할 일을 다 하고 난 다음에는
자산으로 환원됩니다.

나는 마치 영원한 생명을
얻은 것처럼 돌고 또 돕니다.

다음 생에는
또 누구와 입을 맞추고
가슴을 뜨겁게 달굴지,
벌써 가슴이 설렙니다.

* 공병 회수

유익함이 남아 있다면, 아직은 상품으로 존재하고 있는 것이다.

경제적 가치로 환산할 수 있는 형태가 존재하고 있다면, 여전히 상품으로 살아 있는 것
이다.

나에 대한 사람들의 욕망

이 세상에 존재하는 모든 것 중,
화폐로 환산할 수 있는 것은
모두 상품이 될 수 있습니다.

나는 충분히 상품의 조건을 갖추었지만
한 가지 갖지 못한 것이 있습니다.
그것은 나에 대한 고객들의 욕망입니다.

고객들에게 내가 어떻게 유익한 것인지 설명하지 못한 채,
나는 그저 희소성에 기대고 있었습니다.

희소성이 있으면 당연히 몸값이 오르고
나를 사지 못해 안달을 해야 하는데,
고객들은 멀뚱멀뚱 쳐다보다 가 버립니다.

나는 이렇게 존재하고 있지만 내가 존재하는
이유를 제대로 알리지 못했던 것입니다.

존재하면서도 존재감이 없는 것
희소하면서도 귀하지 못한 것
이것이 지금의 내 모습입니다.

희귀한 것은, 바로 그 희소성으로 인해 대중적인 상품화가 어렵다.

경험적으로 반복되는 소비 습관이 쌓이지 않는다면, 상품에 대한 충성심이 생기기 어렵다.

단 한 번도 쉴 수 없도록

내가 처음부터 이렇게 이기적이지는 않았습니다.
나는 사람들이 쉽고 편리하게 상품을
운반할 수 있도록 만들어졌습니다.
그래서 사람들이 나를 보면 고마워하고
힘든 일도 쉽게 합니다.

그런데 사람들의 작은 이기심이 나를
단 한 번도 쉴 수 없도록 만들고 있습니다.
상품을 운반하고 나면 나는 한적한 곳에서
휴식을 취하고는 했습니다.

그런데 사람들이 나에게 실은 상품을 치우지 않기 시작했고,
결국 사람들은 타인뿐만 아니라 자신조차
나를 편하게 사용하지 못하게 되었습니다.

사회적 신뢰는 자산과 같은 가치가 있고,
그런 역할을 한다고 합니다.
나를 이용함에 있어 상호 신뢰가 형성되지 않는다면,
나의 숫자가 폭발적으로 늘어난다 해도
사람들의 욕심을 다 채우지는 못할 것이고,
여전히 사람들은 힘들어할 것이고 나 또한 그러할 것입니다.

* 작업용 카트

작은 이기심이 전체의 성과를 떨어뜨리게 한다.

통제되지 않는 이기심은 매우 위험하다. 그로 인한 직접적인 피해뿐만 아니라, 파급되는 부정적 효과가 만만치 않기 때문이다.

04

믿음과
사랑

상품을 찾아 떠나는 여행에서 사랑이란,
어떤 상황에서도 긍정적인 에너지를 발산할 수 있는
가장 강력한 화합의 에너지가 넘치는 마음의 상태이다.

모든 것을 동화시킬 수 있을 정도로
강력하게 조화를 이루어 낼 수 있는 힘이 있다.

또한, 믿음이란 기꺼이 자신의 마음을
타인에게 열어 주고 포용해 주려는
넓은 이해의 마음의 상태이다.

믿음은 모든 것을 순리대로 움직이게 하며
조화를 이루게 한다.
믿음이 바탕이 된 활동은
직접적으로 화폐로 환산할 수 있을 만큼
경제적 가치가 크다.

내 몸 한 모퉁이를 잘라

두꺼운 종이 박스에 둘러싸인 나를,
확인할 방법이 없습니다.
그래서 고객들은 망설이다가 발길을 돌립니다.
확인되지 않은 상품을 샀다가
일을 망칠 수도 있기 때문입니다.

그래서 나는 내 몸, 한 모퉁이를
과감하게 잘라 냈습니다.
기꺼이 속을 보여 줌으로써,
고객들을 안심시키기 위한 것입니다.

일단 이렇게 속을 보이고 나면 그다음부터는
굳이 속을 보려고 하지도 않습니다.
더 이상 궁금하지 않기 때문입니다.
무엇이 됐든 맨 처음에 어떻게 관계를 맺느냐가,
항상 중요한 일인 것 같습니다.

내가 처음인 고객에게 나를 설득할 수 있는 가장 좋은 방법은,
고객이 원하는 대로 보여 주는 것뿐입니다.
나는 그것을 터득했고 그 대가로
고객들의 사랑과 신뢰를 얻었습니다.

상품을 확인 해 보세요

* 노브랜드 종이컵

신뢰를 얻는다는 것은, 그만큼의 진실함이 뒤따라야 가능한 일이다.

품절된 상품을 찾는 고객을 위해 고객의 전화번호를 요청하고, 긴급 발주를 하여 배송 예정일을 체크하고, 다시 고객에게 연락을 하는 일련의 과정들은 그 상품을 판매해서 얻는 이득보다는 비용이 훨씬 더 많이 드는 일이다. 그렇지만 그런 일들은 결코 비용으로 계산할 수는 없는, 우리가 존재하기 위한 중요한 일임이 분명하다.

착 달라붙는 고유의 맛

마치 먹다 남은 음식 같은 느낌을 주는 탓에,
나에 대한 이미지는 그리 좋지 않았습니다.

애써 돈을 주고 사 먹는다는 것 자체도,
아깝다고 생각하는 모양입니다.

그렇지만 그것은
이름에서 유래하는 오해입니다.

그 구수하고 착 달라붙는
고유의 특이한 맛은,

한국 사람의 입맛을 다시 깨닫게 해 주기에
충분합니다.

나의 은은하고 끈질긴 여운의 맛은,
한국 사람에게 사랑을 받을 수밖에
없는 참된 맛입니다.

'정'에 대한 관념은, '사랑'보다 더 깊고 진한 감정을 만들어 낸다.

얽혀 온 삶 속에 녹아든 사연들이, 더욱 진하고 깊은 사랑을 만들어 낸다. 음식이란 단
순히 맛뿐만 아니라, 그 속에 담겨 있는 추억까지 함께 소환하는 것이다.

나의 달콤함만으로도

나를 꼭 주고받아야만
사랑을 확인할 수 있는 것은 아닙니다.

그런데도 고객들은
직접 고백을 하지 못하고
굳이 나를 통해 사랑을 전달합니다.

나의 달콤함만으로도,
충분히 사랑을
전달할 수 있다고 믿고 있는
수많은 고객 덕분에,
나는 특별한 기념일이 되었습니다.

그래서 고객들은 이맘때가 되면,
평소에는 먹지도 않는 초콜릿을
너도 나도 사 가지고 갑니다.

나의 강렬함만큼이나 고객들의
사랑도 달콤했으면 좋겠습니다.
나는 사랑의 요정입니다!

✻ 밸런타인 데이

무엇이 되었든, 표현되지 않으면 설득할 수가 없다.

이미 알고 있을 것이라고 미루어 짐작하고 표현하지 않는 것은, 처음부터 모르고 있어서 표현하지 못하는것과 같다. 누구나 이미 알고 있는 사실이라 하더라도, 한 번 더 확인하고자 하는 마음이 있다는 것을 잊으면 안 된다.

당신은 내가 좋다고

내가 그렇게도 좋은가요?
날 보면 그렇게 기분이 좋아지나요?

나보다 더 맛있는 것도
많이 있을 텐데도,

잊지 않고 나를 찾는 이유가
그만큼 나를 좋아하기 때문인가요?

당신은 내가 좋다고 하는데
나는 당신을 믿을 수가 없습니다.

나를 보고 환호하는 당신은
나를 떠날 때가 되어서는
털끝만치도
나를 생각하지 않습니다.

당신에게 나는 필요할 때만
소중해지는 존재인가요?

당신은 정말로 나를 좋아하나요?

* 무한 리필 삼겹살

사랑은 확인하고 싶은 욕망을 자극한다.

사랑은 아무런 대가를 바라지 않는다고 하지만, 사실은 끊임없이 사실을 확인하고 또
확인하려는 욕망에 사로잡혀 있다.

바삭하게 녹아드는 맛

깨끗한 기름으로 튀겨 낸 나는,
맨살이었을 때보다
더 투명하고 고운 모습이 되었습니다.

고온의 그 뜨거운 기름 속에서
나의 온몸은 녹아내리는 듯했지만,
나는 그 고통을 끝내 견뎌 냈고
이렇게 아름다운 튀김옷을
입을 수 있게 되었습니다.

나의 바삭하게 녹아드는 맛은
기름에게 배운 노하우일 것입니다.
나는 나를 사랑하는 모든 사람에게
녹아들고 싶습니다.

상품의 가공 과정은, 더 높은 가치로의 탄생을 의미한다.

재료로 존재하고 있는 것과 상품으로 존재하고 있는 것에는 커다란 차이가 있다. 재료
로 있을 때는 무한한 변신의 가능성이 있고, 상품으로 있을 때는 욕구의 완성 지점에
가까이 있을 수 있다.

달콤한 사랑 이야기

나로 초콜릿 선물 바구니를
만든다고 해서

사랑하는 마음까지
저렴해질 것을 염려하는 사람은
없는 것 같아 안심이 됩니다.

젊음과 초콜릿과 나는
같은 컨텐츠, 같은 감성이 있습니다.

너무나도 잘 어울리는 우리는,
새로운 트렌드로 젊은이들의
달콤한 사랑 이야기를
함께 만들어 갈 것입니다.

＊ 노브랜드 초콜릿

표현에 쏟는 정성은, 사랑의 가치를 무한하게 만든다.

무엇이든 정성이 깃들면 가치가 높아지게 마련이다. 정성과 사랑은 정비례 관계에 있다.

홀로 남겨진 간절함

까치만 먹으라고
내가 남겨지지는 않았을 겁니다.

눈 덮인 추운 겨울날,
세상 어디에도
먹을 것이 보이지 않을 때
그때 나를 먹으라고
몇 개는 남겨진 것입니다.

그런데 벌써 누군가가
비상식량을 축냈나 봅니다.
이제 겨우 하나밖에
남아 있지를 않습니다.

긴긴 겨울,
어떤 생명이라도 유지되길 바라는
간절한 마음이
나를 이렇게
홀로 남겨 놓고 있습니다.

존재하고 있는 모든 것에는, 존재하는 이유가 있다.

남겨진 것이든 목적을 가지고 존재하고 있는 것이든, 모든 존재는 다 존재의 의미가 있다.

영원히 변치 않을 것 같은

일 년을 한결같이,
나는 같은 자리에서
옷만 갈아 입은 채 서 있습니다.

나의 흔들리지 않는
곧은 충성심은,
사람들의 마음을 움직였습니다.

절기마다 바뀌는
나의 패션 디자인은,
계절의 변화를 일깨워 줬고,
옷을 어떻게 입어야 하는지를
온몸으로 보여 줬습니다.

사람들은 이제 나를 믿습니다.
사람들을 향한
영원히 변치 않을 것 같은 나의 믿음이,
결국 나를 선택하게 만들었습니다.

고객의 기대에 화답하는 것은, 끊임없는 자신의 노력에 의해 좌우된다.

고객에게 무엇을 원하도록 만드는 것, 계속해서 변화를 주어 새로운 욕구가 일어날 수
있도록 시도하는 것, 이런 노력이 매일 이루어짐으로써 같은 장소가 다르게 보이도록
하는 것, 이런 일들이 기꺼이 일어나는 곳이 믿음이 만들어지는 곳이다.

달콤함을 가득 채우고

우리는 모양이 둥급니다. 가장 안정되고 편안한 모양을 하고 있습니다. 그래서 그런지 우리의 마음도 겉모습을 닮아 모가 나지 않고 부드럽습니다. 우리는 그토록 오랜 시간 거꾸로 매달려 있었어도, 한마디 불평조차 해 본 일이 없었습니다. 살갗이 따갑도록 내리쬐던 햇살이 사라지고 나면, 곧이어 온몸이 오들오들 떨리도록 시린 밤이 찾아왔습니다. 별은 아무리 세도 다시 나타났고, 햇살도 변함없이 우리를 괴롭혔습니다. 그렇게 힘들고 외로운 시간들 속에서도 우리는 우리만의 세상에서, 온몸으로 달콤함을 가득가득 채워 갔습니다.

고객들은 우리를 이간질하려고 '청포도', '적포도'로 갈라놓았지만, 우리는 혼자 있을 때나 함께 있을 때나 언제나 사이좋게 지냈습니다. 고객들은 우리를 서너 알씩 한꺼번에 입에 털어 넣지만, 한결같은 맛에 우리를 구분하지는 못합니다. 신맛의 산도와 단맛의 당도가 어우러져 '당산비'라는 이름이 붙여졌습니다. 산뜻하고 시원하게 달고 맛있어야 하는데, 그것이 조화를 이루는 것을 당산비가 좋다고 합니다.

한국은 이런 것을 자연환경에 의존하는 경향이 큽니다. 그렇지만 우리는 품종 개량을 통해 일정하고 균질한 맛이 나옵니다. 더구나 우리를 껍질째 먹을 수 있다는 것은, 큰 장점이 아닐 수 없습니다. 한국산이 향과 풍미가 훨씬 더 좋지만 품질이 일정하지가 않습니다. 갈수록 생산량도 줄고 외면을 받는 것 같아 같은 포도로서 마음이 아픕니다. 간혹 우리 색깔이 변색되었다고 그냥 버리기도 하는데, 그러지 마세요.우리 같은 과일은 마지막 순간이 가장 맛있는 상태니까요. 우리는 보이는 것과 느껴지는 것이 이렇게 다릅니다. '최후의 순간을 가장 맛있게' 이것이 우리의 품질 보증 신념입니다.

매일 맛있는 과일을 판매한다는 것은, 신의 경지에 이르는 것처럼 쉽지 않은 일이다.

특정인의 의지만으로, 자연이 주는 결실을 좌우하기는 쉽지 않다. 아무리 엄격한 품질 기준을 갖추고 있다 해도, 자연의 생산물에게 그대로 적용하기에는 어려움이 많다. 그럼에도 믿을 수 있는 상품을 제공하는 것, 그것이 믿음을 만들어 나가는 일이다.

가짜가 주는 편리함

가짜가 진짜를 대체해도 아무렇지도 않은
세상에 살고 있습니다.

어수룩해 보이는 진짜보다도,
가짜가 더 진짜처럼 정교하다 보니
사람들은 나 같은 가짜가 버젓이
진짜의 자리를 차지하고 있어도,
별다른 불편이 없는 것 같습니다.

어쩌면 진짜에 들여야 하는 수많은 노고에 비하면,
나 같은 가짜가 주는 편리함이란 이루 말할 수가 없을 겁니다.

사람들이 나 같은 가짜를 더욱 선호하게 되는
이유가 바로 이러한 편리함 때문입니다.

설사 향기가 나지 않아도,
설사 움직임조차 없어도,
설사 숨조차 쉬지 않아도,

일 년 내내 한결같은 모습으로 투덜거리거나 시들지 않고,
같은 모습을 보일 수 있는 나는 가장 신뢰할 수 있는 벗입니다.

고객들은 자신이 얻게 되는 실익 때문에, 기꺼이 가짜를 선택하기도 한다.

이미테이션 꽃이나 초밥이나 음식처럼, 그것이 진짜라면 그것을 취급하는 것에는 많은 노력과 비용이 들 수밖에 없을 것이다. 그러나 그것들이 모두 모조품으로 만들어진다면, 취급함에 있어 훨씬 더 유익한 가치를 얻을 수 있게 되는 것이다.

알 수 없는 마음으로 나에게 꽂혀

쾌적하고 볼거리 많은 곳에서 나는 다정한 친구들과 재미나게 놀고 있었습니다. 그런데 당신은, 알 수 없는 마음으로 나에게 꽂혀 괜스레 나의 가슴을 뛰게 했고, 부푼 나는 당신과 함께 새로운 사랑을 찾아 친구들조차 버렸습니다.

그러나 나를 데리고 간 당신은 나를 냉장고에 처박아 두고는 모습을 보이지 않았고, 모든 먹거리의 우선순위에서도 밀려난 나는, 긴긴밤을 캄캄한 냉장고 안에서 홀로 지새워야 했습니다.

밤새 푸석해진 당신의 얼굴에서 당신이 나를 품어 주길 기대했지만, 여전히 당신은 나를 외면했고 그런 나를 내가 있던 이곳으로 다시 데리고 왔습니다. 나를 돈과 맞바꾸고 돌아서는 당신의 뒷모습을 보면서 나는 결국 참았던 울음을 터트리고야 말았습니다.

홀로 남겨진 나는 스스로를 용서할 수가 없었고, 내 몸에는 폐기 스티커가 붙여졌습니다. 멀쩡했던 나는 이렇게 처참해진 모습으로 이별해야 합니다. 나의 이별은 당신을 따라나선 나의 사랑 때문이지만, 나는 후회하지 않습니다. 당신의 사랑을 갈구하던 나는 어쩜 그것만으로도 이미 만족했었나 봅니다.

무한한 사랑이란, 모든 것에서 욕망을 내려놓는 일이다.

고객이 스스로의 욕망을 놓는다는 것은, 매우 어려운 일이다. 끊임없이 변화하는 욕망
이라는 것이 있기 때문에, 상품도 변화하고 성장해 나갈 수 있다.

05

두려움과
불안

상품을 찾아 떠나는 여행에서 **두려움이란**,
실제로 발생할지도 모른다는 위험에 대하여
본능적으로 대응하고 방어하려는
마음의 상태를 말한다.

두려움은 모든 사고와 행동을
한순간에 얼음의 상태로 만들 수 있기 때문에
두려움 그 자체가 피해를 주는 원인이 될 수 있다.

또한, **불안이란** 정확히 알 수는 없지만 느낌은 있는
위험에 대해 방어적으로 대응하는 마음의 상태이다.
어느 정도의 크기로 언제 닥칠지 모르는
위험에 대해 느끼는 안정되지 않은 상태를 말한다.

동면해야 하는 구시대의 추억

차디찬 겨울이 되면, 많은 동물이
활동량을 줄이기도 하고, 심지어는 겨우내
잠만 자는 동면에 들어가기도 합니다.
그렇지만 활동력이 왕성한 고객들은
동면을 하는 대신, 먹거리를 준비합니다.

혹독하고 긴 시간을 견뎌 내면서,
오랫동안 즐겨 먹을 수 있는 것은
바로 나, 김장 김치가 아닐 수 없습니다.

예전에는 나만의 계절이 따로 있었습니다.
가을 끝자락과 겨울 초입 사이에
김장철이라는 존재감 드높은 때가 있었습니다.
그렇지만 날로 변해 가는 식습관과 사회 문화적 변화는,
나를 그저 구시대의 추억 정도로만
남을 것을 강요하고 있는 것 같습니다.

이러다가 나는, 고객들의 추억 속에서
동면을 해야 할지도 모르겠습니다.
나는, 언제 다시 깨어날지 알 수 없는
깊은 잠에 빠져들 것만 같아 두렵기만 합니다.

✱ 김장 김치 품앗이

낡은 것이라서 사라지는 것이 아니라, 변화하는 시대에 적응하지 못하기 때문에 사라지는 것이다.

살아남기 위해서는 변화해야 한다. 현재의 시대가 요구하는 형태로 스스로를 변화시켜야 한다. 능동적으로 변화하지 못하는 모든 것이 사라지고 있다.

매일 죽음을 받아 내고

차들이 마치 빨려 들듯,
나에게 부딪혀 옵니다.

그 빠른 속도의 섬뜩함이란,
그들만이 느낄 수 있는 것은 아닙니다.

그렇게 빠른 속도로 달려오는 그 무모함을
매번 받아 내는 것도,
나로서는 벅찰 수밖에 없습니다.

그러다 보니 가끔 차들이
휴지 조각이 되어 나뒹굴기도 하고,
가끔은 내가 무너져 내리기도 합니다.

그런데도 차량들은 아랑곳하지 않고
마치 한여름 밤의 불나방처럼
나에게 온몸을 던져 옵니다.

죽음으로 질주하는 것을 막기 위해
설치된 내가,
매일 죽음을 받아 내고 있습니다.

✳ 톨게이트 하이 패스

역설적이지만, 때로는 강조된 안전함으로 인해 더 큰 사고가 일어나기도 한다.

안전을 위한 안전장치가, 오히려 더 큰 위험을 불러오는 경우가 흔히 발생한다. 목적했던 일과 정반대의 일이 일어난다는 것은, 참으로 황당하고 가슴 아픈 일이다.

익숙해짐에 대한 두려움

사람들이 나를 대하는 방법은 이미 정해진 대로입니다.
나에게 익숙해진다는 것은 편리하다는 것이며 만족한다는 것입니다.
아무리 불편해도 아무리 힘이 들어도 익숙함에는
그것을 이겨 낼 수 있는 내성이 있습니다.
그런데 이렇게 익숙해지고 나면 찾아오는 감정이 있습니다.
바로 무기력과 상실감입니다.

환경에 지배당하면서도 환경을 이용하고 있다고
사람들은 자기 합리화를 합니다.
어쩔 수 없는 힘이 누르고 있어 저항하지 못한다는 것은,
사람들에게는 커다란 위안이 됩니다.
그런 무력감 때문에, 우리는 이렇게 절반으로 나뉘어
돌과 흙으로 침대를 만들었습니다.
돌침대도, 흙 침대도, 반반도 됩니다.

너무 익숙해져서 더 이상
나의 존재를 의식하지 못하는 사람들에게
나를 계속해서 외치고 있습니다.

매일을 그렇게 오랫동안 함께 뒹구는데,
익숙함에 내 기억을 묻어 버린 사람들이 너무나 밉습니다.

* 돌, 흙 침대

정말 두려워해야 할 것은, 자신조차 자신의 과거 경험 속에 갇히는 것이다.

과거의 지식으로는 미래를 살아갈 수 없다. 그래도 자꾸만 과거 속에 머물려고 한다.
어쩌면 그것이 가장 스트레스가 적고, 가장 익숙한 방법이기 때문일 것이다.

설득을 위한 몸부림

고객들을 설득하기 위한
나의 몸부림은,
내가 아닌 상품들조차
내 속에 품게 했습니다.

잘났다고 혼자 우쭐대던 나에게,
고객들은 눈길조차 주지 않았습니다.

내가 나를 내려놓고 감성에 호소했을 때,
비로소 고객들은 나에게 관심을 보였습니다.

함께 어울리는 것이, 우리 모두에게
유익하다는 것을 깨닫는 것에는
오랜 시간이 걸리지 않았습니다.

내가 팔리지 않으면
사람들은 나를 가만두지
않을 것이기 때문입니다.

나는 내가 살아남을 방법을
찾을 수밖에 없었던 것입니다.

* 와인 전용 냉장고

홀로 표현되는 한계점을 깨닫고 함께하기 위한 노력을 하는 것은, 모두에게 유익한
일이다.

복합적으로 조화를 이룰 때, 그때 가장 극대화된 효과를 볼 수가 있는 것이다. 그것은
모두에게 이익이 되는 일이다.

변화가 너무나 두렵습니다

어느새 나도 나를 잃어버렸습니다.

고객들은 나를 단무지라고 기억할 뿐,
내가 '무'였다는 사실과는 연결을 짓지 못합니다.

본래의 모습을 그대로 유지하고 있는데도,
너무나 익숙해져서인지
나를 독립된 상품으로 취급합니다.

어쩌면 그러한 편견이 이토록 오랫동안
내가 사라지지 않고 존재할 수 있었던
이유이기도 할 것입니다.

계속해서 변해 가는
음식들과 입맛들이 두렵습니다.

내가 언제까지 더 존재할지는
내 의지와 무관하기 때문입니다.

나같이 단순한 상품은
변화가 너무나 두렵습니다.

* 단무지

시간은 변화를 이끌고, 기존의 모든 것을 낡은 것으로 만들어 버린다.

새로운 트렌드를 따라가지 못하는 것들은, 변화된 욕구를 충족시킬 수 없기 때문에 사라질 수밖에 없는 것이다. 낡는다는 것은, 어느 순간에 현실로 나타나게 된다.

삶과 죽음을 연결하는 통로

나는 언제나 공포의 대상이었습니다.
실제로 내가 존재하든 존재하지 않든 고객들이
나에 대해 느끼는 두려움은 죽음보다 더 컸습니다.
그것은 나를 통해 죽음을 인식하고,
살아 있음을 깨닫게 되기 때문입니다.

죽음을 향해 나아가는 삶에서,
우리 같은 유령과의 만남은 필연입니다.
유령은 삶과 죽음을 연결하는
유일한 통로이기 때문입니다.
그 두려움을 이겨 보려고 고객들은
나를 유희의 대상으로 전락시켰습니다.

살아 있는 고객들이 스스로가 유령이 되어 보는 것입니다.
그렇게 유령이 되어 놀다 보면 삶과 죽음이 반드시
나누어져 있는 것만은 아니라는 사실을 깨닫게 됩니다.

살아 있는 고객들이 삶이 얼마나 소중하고 존귀한 것인지를
너무 늦지 않은 때에 깨닫게 해 주는 것이 나의 역할이기도 합니다.
이미 죽음에 이르렀다면 소용이 없을 것입니다.
그래서 내가 나타나서 그 소중함을 일깨우고 있는 것입니다.

관념이 지배하는 영향의 크기는, 생각보다 훨씬 넓고 깊게 미친다.

생각에 따라 좋은 것도 나쁜 것으로, 나쁜 것도 좋은 것으로 뒤바뀌어 인식될 수 있다.
그래서 그냥 존재하고 있는 것보다는, 어떻게 인식하게 하느냐가 더 중요하다.

살아남은 자들 속에 남아 있기를

우리의 싸움은 어쩜 오래전부터 이미
운명처럼 정해져 있던 것인지도 모르겠습니다.

날로 늘어나는 나를 닮은 상품들이 상온으로, 냉장으로,
냉동으로 끊임없이 쏟아져 들어오고 있을 뿐만 아니라
가격조차도 거침없이 내려가고 있습니다.

우리는 세상에 존재하고 있는 오만 가지 맛을
고객들에게 선물하고 그들의 선택을 기다리고 있습니다.
우리가 제공하는 편리함과 풍성한 먹거리, 안전하고 저렴하면서도
독특한 맛은 기존의 모든 구매 패턴을 바꾸어 놓고 있습니다.

우리의 전쟁터는 급격히 그리고 계속해서 확대되어 가겠지만,
결국 수많은 경쟁자는 자연 도태되어 갈 것이고,
살아남은 자들 속에 내가 남아 있을 것을 바라야 할 것 같습니다.

지금 나의 이 모습이 두려움으로 그리고 희망으로 엇갈리는 것은,
바로 지금의 내가 격변의 소용돌이 한가운데에 서 있기 때문입니다.

* 간편 가정식

진입하기도 어렵고 경쟁하기도 어렵지만, 최후까지 남아 있는다는 것은 더욱 어려운 일이다.

선발자는 후발자의 추격이 두려울 수밖에 없고, 후발자는 앞서 있는 선발자의 기득권이 두렵다. 선발자와 후발자가 경쟁에 몰두하는 동안, 전혀 다른 모습으로 경쟁에 끼어드는 예측하지 못했던 제3의 새로운 경쟁자도 너무나 두려울 뿐이다.

살아남는다는 기적

나를 먹는 것으로 착각하는 고객들이 의외로 많습니다.
외모만 보면 식품과 구별할 수가 없습니다.

내가 이렇게 화려하고, 개성 있게 생기지 않았더라면
고객들의 관심을 끌 수가 없었을 것입니다.

저마다 너무나 화려하고, 모두가 너무나 자극적인,
이런 완전 경쟁 시장에서는 살아남는다는 것 자체가,
나에게는 기적과 같은 일입니다.

무수히 많은 유사 상품이 나타나고
사라지기를 반복하고 있습니다.

오늘의 내가 아무리 화려해도 내일도 내가
이곳에 있으리라고 장담할 수가 없습니다.

내가 아무리 처절하게 나를 표현하고 있어도
고객들 눈에는 다 비슷해 보입니다.

그럼에도 고객들은 나만큼 간절하지는 않습니다.
무심한 그 고객들의 마음을 나는 움직여야 합니다.

최선의 노력이, 반드시 긍정적인 보답을 해 주지는 못한다는 사실도 깨달아야 한다.

시대의 흐름에 따라 도태되어 가는 것이 있고, 별다른 노력 없이도 떠오르는 것도 있다. 있는 그대로 인정하고 받아들이면 된다. 그것은 모두 시대의 요구이기 때문이다.

곧 나에게 일어날 변화

내가 아무리 "나는 괜찮다."라고
우겨 봐야 소용이 없습니다.

나는 때가 되면 떠나야 합니다.
나를 관리하는 매서운 눈은,
곧 나에게 일어날 변화를 감지하고는
여지없이 값을 반 토막을 내 버립니다.

그래도 여전히
내가 그곳에 남아 있게 되면,
나를 아예 해체해서
음식물 쓰레기로 버립니다.

이런 피도 눈물도 없는 경우를
당하지 않으려면
어떻게 해서라도 고객의 눈에
띄어야 합니다.

나에게는 가치 있게 살 것이냐,
버려질 것이냐,
항상 그것이 문제입니다.

✱ 햇옥수수

자신이 아닌 다른 원인에 의해, 자신이 결정되는 경우가 흔하게 일어난다.

혼자 열심히 하는 것보다는, 주변의 다른 관계들 속에서 열심히 하는 것이 더욱 필요한
일이다. 결국 자신을 둘러싸고 있는 환경이, 자신을 통제하고 있기 때문이다. 주위의
환경을 벗어나 홀로 존재할 수는 없는 일이다.

이토록 집착하는 이유

나를 어떻게 해서든 산 채로 소비자에게
인도하려는 노력이 눈물겹습니다.

나에 대해 이토록 집착하는 이유는 바로 불신입니다.
살아 있는 것이 가장 신선할 것이라는 믿음을 버리지 않는 한,
나는 또 어떤 모습으로 바뀔지 알 수가 없습니다.

내 이름은 멍게인데, 참멍게가 되었다가
다시 자연산 참멍게가 되었습니다.
이름을 강조하면 할수록 나는 자괴감에 빠집니다.
그만큼 내가 매력이 없다는 이야기가 되니까요.

내게서 나오는 특유한 향과 맛 때문에 나는
이름과는 달리 소수의 고객에게만 인기가 있을 뿐입니다.
나를 그 고객들과 연결시켜 주세요.
그래야 나도 행복할 수가 있습니다.

앗, 잠깐! 난 너무 극신선해요 .
그러다 보니 가끔 살아 있는 아기 갯지렁이나
젖먹이 새우 유충이 나올 수도 있어요.
그러니 너무 놀라지는 마시라고요.

살아 있어야만, 온전한 가치를 유지할 수 있는 상품도 있다.

이용하기 전까지는 그대로 살려 두어야만, 가치를 유지할 수 있는 상품들이 있다. 이
들은 운반하기에도, 이용하기에도 많은 불편함이 뒤따른다.

된서리를 맞을지도

나랑 같이 온 친구는
버젓이 가격을 표시하고 있는데
나는 아무런 표시가 없습니다.

그렇지만 난,
반드시 표시가 있어야 합니다.
이것은
나를 위해서가 아닙니다.

내가 표시되어 있지 않으면,
나를 비롯한 주위의 모든 친구까지
된서리를 맞을지도
모르기 때문입니다.

그래서 나는 나만 생각하고
있을 수가 없습니다.
나는 공동체의 일원이니까요.

제주당근 100g

298

* 무표시 감자

함께해야 할 규칙을 지키지 않는 대가는, 생각보다 크다.

가격의 표시가 없는 것은 구매에 대한 손실만 발생하지만 아무것도 표시되어 있지 않으면 무표시 상품, 원산지 미표시 상품 등으로 관련 법률의 처분을 받을 수 있다.

가치보다 수반되는 비용이

고객들은 나를 그저 관념적으로만 이해하고 있습니다.
생산자가 직접 판매를 하면 저렴할 것이라고, 아니면
대규모로 판매를 하면 저렴할 것이라고 생각합니다.
그렇지만 나같이 부가 가치가 작은
1차 생산물은 주의가 필요합니다.

나는 항상 나의 본래의 가치보다 나에게
수반되는 비용이 훨씬 더 클 수밖에 없습니다.
그렇기 때문에 나에게 맞는 규모의 경제가 적용되어야 합니다.

직접 판매하든지, 대규모로 판매하든지,
전체의 비용이 최소가 되는 프로세스를 타고 가야 합니다.
그렇지 않으면 고객들의 믿음에 상반되는 결과가 발생합니다.

우리는 조금만 생산량이 많아져도 가격이 폭락을 하고
조금만 생산량이 적어져도 가격이 폭등을 합니다.

우리를 까탈스럽게 보는 이유는,
바로 전체의 물량보다는 과부족으로 인한 불일치 때문입니다.
그 조금이 전체를 뒤흔들어 놓습니다.

지역에서는 지역 상품이 가장 매력 있는 상품이다.

운송 거리가 짧고 생산 규모가 작고 구매하려는 참여자가 많다면 매우 매력적인 시장
이 될 수 있다.

시장에 내동댕이치고

우리 복숭아는 지금까지
귀한 대접을 받아 왔습니다.

"물이 닿으면 안 된다."
"손으로 만져서도 안 된다."라고 하면서

우리가 안전할 수 있도록
상자 안에 난자를 만들어서
정성스럽게 취급했었습니다.

그런 우리를 이렇게 홀딱 벗겨서 씻어 내고
물기도 채 마르지 않은 상태에서

갑갑한 비닐 봉투에 가두어 놓았습니다.
정말 이래도 되는 겁니까?

기술의 발달과 개념의 변화는
아무런 준비도 없는 우리를
시장에 내동댕이치고 있습니다.

우리는 어떻게 살아가야 합니까?

공급에 대한 공급자의 생각이 바뀌면, 상품도 소비자도 바뀌게 된다.

기존의 공급되던 방식이나 소비되던 방식이 바뀔 수 있다. 그것이 소비자의 욕구에 기반하고 있다면 이미 성공한 상품이다.

특별한 애착

고객의 마음은 참으로 알기가 어렵습니다.
고객들은 자신을 닮은 것을 너무나 좋아합니다.
취미든 성격이든 외모든 그러다 보니,
고객들은 자신의 모습을 꼭 빼닮은 나에게
특별한 애착을 느낄 수밖에 없습니다.

그렇지만 나에 대한 사랑은 애정을 넘어
다소 무모하고 지나치다는 생각도 듭니다.

나는 식용 식물에 불과합니다.
'동원 의식'이라 했듯이,
음식과 약은 그 뿌리가 같습니다.
잘 먹은 음식은 약이 될 수도 있지만,
불필요하게 먹는 약은
한낱 배설물에 그칠 수도 있습니다.

나는 필요한 고객에게만
절대적 도움을 줄 수 있을 뿐입니다.
나를 너무 과신하지 마세요.
나를 필요로 하는 고객에게 갈 수 있도록
이제 나를 놓아주세요.

필요한 사람에게는 약이 되지만, 다른 사람에게는 음식에 불과할 뿐이다.

같은 상품이라 하더라도, 누구에게 이용되느냐에 따라 그 효과가 전혀 달라진다.

깡통이라고 비웃고는

나를 이렇게까지 화려하게
표현해야만 하는 이유가 있습니다.

통조림이라고 하면, 고객들은
'깡통'이라고 비웃고는 관심을 갖지 않습니다.

가장 보관 상태가 우수한
포장 방법임에도 불구하고
철로 만들어졌다는 이유만으로
나를 불결하고 미덥지 않게
쳐다보는 고객이 많습니다.

가장 위생적인 포장 방법이
가장 비위생적으로 인식되고 있습니다.
그래서 나는 이렇게
화려한 모습으로 있어야 합니다.

내가 전혀 그렇지 않다는 것을
느낌을 통해 설득해야 합니다.
무디고 무딘 철의 느낌을 벗고
요리의 풍미가 넘쳐 나야 합니다.

설득의 힘은, 사실의 설명에 있는 것이 아니라 고객이 동의하는 감정에 있는 것이다.

이성적으로는 이해가 되도 마음이 동의하지 않으면, 받아들이지 않는 것이 고객의 마음이다. 그래서 사실이나 진실보다 더 중요한 것은 동의하고 공감하는 것이다.

표현되는 것의 혼란과 기만

나도 이렇게 어리둥절한데
고객들은 더 혼란스러울 겁니다.

구매하려는 고객의 입장에서
보지 않는다면,
판매하려는 사람의 입장만이
나타나게 됩니다.

일을 일로만 처리한다면
계속해서 같은 문제들이
반복해서 나타날 것입니다.

만일 누구를 위해 이 일을 하는지
한 번만 더 둘러볼 수 있다면

나는 더 이상
어리둥절하지 않아도 될 것입니다.

* 물티슈의 가격 고지

기계적인 성실함은, 고객을 자주 당황하게 만든다.

주어진 일을 열심히 하는 것보다는, 그 일이 목적하는 바를 명확하게 인식하고 일을 하는 것이 훨씬 더 효과적일 뿐만 아니라 성취감도 높아진다.

유독 싫어하는 사람들

고기가 물에 들어가 있는 음식을
유독 싫어하는 고객들이 있습니다.

그러나 그것은 정말 오해입니다.
그들은 내가 얼마나 오랫동안 끓여졌는지
그 육수의 맛이 얼마나 깊은지
알지 못합니다.

가마솥도 녹일 만큼
오랫동안 끓여진 나는,
진국 중에 또 진국입니다.

단순히 갈비가 들어갔다고 해서
갈비탕이 되는 것은 아닙니다.

그 조화로운 맛을 보게 되면
입도 놀라고
생각도 달라질 것입니다.

나는 당신이 생각하는
그런 음식이 아닙니다.

* 갈비탕

익숙한 습관을 버리는 것은, 그 습관을 쌓는 것보다 어렵다.

고기를 구워서 먹는 것이 익숙해지면, 끓여서 먹는 형태는 매력이 떨어지기 마련이다.
미리 잡고 있는 강력한 경험이 다음에 올 경험을 무시하기 때문이다.

신뢰는 사회적 자산인데

내가 이렇게 다른 나라에 와서
식품 위생 분야에서,
절대적인 신뢰를 얻으며
살아갈 것이라고는
전혀 생각해 보지 못했습니다.

왜냐하면 FDA인 나보다도 한국의 식약처가
훨씬 더 치밀하고 규제 수준이 높기 때문입니다.
그럼에도 불구하고 이렇게
마케팅을 할 때면, 내가 꼭 표시됩니다.

신뢰는 사회적 자산이라는 말이 있는데,
내가 그 사회적 자산으로
인정받고 있어서 그런가 봅니다.

아무튼 이렇게 오랫동안 남의 나라에 와서
나의 나라처럼 행동하는 것이 편하지는 않습니다.

나는 다시 나의 나라로 돌아가야 할 것 같습니다.
나는 본래 나의 나라에 가장 잘 맞는 기준이니까요.

＊ 미국 식품 의약품 안전청

믿을 수만 있다면 그 밖의 안전장치는 필요 없게 된다.

믿을 수 없기 때문에 확인이 필요하고, 안전 조치가 필요하고, 검증의 시간이 필요해진다. 믿을 수 있다면 훨씬 더 저렴하고 더 높은 빈도로 상품을 이용할 수가 있다.

06

기쁨과
즐거움

상품을 찾아 떠나는 여행에서 즐거움이란,
기분 좋은 느낌이 온몸으로 넘쳐 나면서
건강함을 누리고 있는 마음의 상태이다.

또한, 기쁨이란 보기만 해도, 느낄 수 있기만 해도
몸과 마음이 가벼워지면서 온몸을 들뜨게 하는
긍정의 에너지가 넘치는 마음의 상태이다.

이러한 상태는 무엇을 하든
좋은 성과를 내고 주변과 함께 조화를 이루면서
혜택을 나눌 수 있는 만족한 상태이다.

뒤덮인 오물에도 불구하고

내 평생 살아오면서, 지금과 같은 세상이 올 거라고는
생각조차 해 본 적이 없었습니다.

항상 오물에 뒤덮여 있는 것은 물론
그것도 모자라 침까지 뱉고 담뱃불로 지지고
온갖 오물을 쏟아붓고 가는 사람들을 보면서
나는 그 치욕감과 더러움에 치를 떨었습니다.

내가 이렇게 하찮게 대해져야 하는 이유가
사람들을 위했던 헌신의 대가라면,
그 비참함과 배신감이란 차마
말로 표현할 수 없을 것입니다.

나의 상심을 알아챘는지 언제부턴가 나는 쓸모없는 쓰레기가
모이는 곳이 아니라 재활용 자원이 모이는 곳이 되었습니다.
그게 그거인 것 같은데도 이렇게 나의 대우가 달라지고
나를 향한 사람들의 눈빛도 달라졌습니다.

나는 이제 만족하고 또 행복합니다.
나는 처음에도 그러했지만
지금도 여전히 가치가 있기 때문입니다.

✻ 고속도로 휴게소 쓰레기통

어떻게 인식하느냐에 따라, 정반대의 결과를 얻게 될 것이다.

그것을 자산으로 대하면 자산으로, 그것을 쓰레기로 대하면 쓰레기로밖에는 보이지 않는다. 사물의 본질을 통찰하여 유용함을 이끌어 내는 것이 중요한 이유이다.

온몸을 휘감아 도는

멀쩡한 대기를 때려 대는 파동은
고객들의 귀를 흔들어 댑니다.

나는 고객들의 귀는 물론이고,
심장까지도 울렁거리게 하는
에너지를 갖고 있습니다.

자극을 추종하는 고객들은
귀에 만족하지 못했습니다.

그래서 나는 다시 시각을 자극하는
모습으로 변신할 수밖에 없었습니다.

강인하지만 위협적이지 않은,
청각은 예민하지만 복종적인,
그런 내 모습에 많은 고객이
흥분했습니다.

청각뿐만 아니라 시각까지
온몸을 휘감아 도는 전율은
만족감을 주기에 충분합니다.

본래 기능이 충족되고 나면, 미적 감성이 요구되기 마련이다.

듣는 즐거움에 보는 즐거움까지 결합된다면, 즐거움은 더욱 증폭될 것이다.

거부감 없이 즐길 수도

내가 어디에는
담기지 못하겠습니까만,

이렇게 소시지인지 두부인지,
헷갈리게 담겨도 되는 건지는
모르겠습니다.

어쩜 아이들에게는
익숙한 캐릭터가 있는 포장이기에
거부감 없이 나를
즐길 수도 있겠습니다.

양이 많지도 않고
모양이 나쁘지도 않고
디자인 하나가
나의 삶을 확 바꾸어 버렸습니다.

* 뽀로로 키즈 두부봉

생각의 차이가 상품의 차이를 결정한다.

구매를 하는 고객과 소비를 하는 고객을 모두 만족시킨다는 것은 쉽지 않은 일이지만,
불가능한 일도 아니다.

식감을 자극하는 풍성함

나의 깜짝 출현에
많은 고객이 놀랐습니다.

식감을 자극하는
풍성함과 저렴한 가격은
고객들의 발길을 붙들어 세우기에
충분했습니다.
정성이 가득한 내가
품절이 되지 않는다면
그것이 오히려 이상할 것입니다.

오늘 나는 사람들의 입을
즐겁게 만들어 주었습니다.
물론 다음에도 다시
깜짝 출현을 할 예정입니다.

고객들이 뜻밖으로 놀라는 모습이
나의 즐거움이 되고 있습니다.

신상품은 새로운 욕구의 자극을 통해 탄생된다.

자극되는 욕구를 통해 상품은 생명력을 얻게 되고 본질을 간직한 변화는 상품의 성장
을 이끌어 간다.

후각에 착각을 일으키는 신기함

새파랗게 날이 선 나를
어떻게 먹을지 의아한가 봅니다.

그렇지만 나는
구워 먹는 바나나입니다.

고구마 냄새가 물씬 풍기는 나는
고객들의 후각에 착각을 일으킵니다.

맛도 냄새도 비슷해서
나는 신기함의 대상이 되기도 합니다.

나의 고소함을 경험한 고객들은
기꺼이 나의 친구가 되었습니다.

처음 경험하는 것은 무엇이든 낯설게 마련이다.

낯선 감정을 거두고 나면 즐거움이 준비되어 있다. 경계심을 내려놓고 있는 그대로 볼
필요가 있다.

체험을 통해 검증된 매력

나를 음식점에 가야만
먹을 수 있는 것은 아닙니다.

나를 맛있게 먹을 수 있는 곳이
집일 수도 있다는 것을
이제는 믿어야 합니다.

수없이 많은 실험을 반복해서
태어난 나는,
그래서 매력적일 수밖에 없습니다.

노력이란, 이전의 자신을 뛰어넘을 수 있는 가장 확실한 수단이다.

일반 돈가스 전문점보다 맛있는 돈가스가 탄생되기까지, 관련된 기술의 개발 노력은 끊임없이 이어졌을 것이다. 그러한 노력들이 비로소 상품의 독특한 맛을 만들어 내는 것이다.

마음을 끌어내 주는 포토샵

왜 포토샵을 하는지
왜 있는 그대로 놔두지 않는지
나를 보니까 알겠습니다.

걸려 있는 사진에서는
실제의 나를 발견할 수가 없었습니다.

그런데도 기분이 좋아지는 이유는
내가 나보다 더 잘
표현되어 있기 때문입니다.

나를 이렇게 친근하게
맛있게 보여 줄 수 있는 것이
바로 포토샵의 힘입니다.

나의 마음을 끌어내 주는 포토샵에
오늘도 즐거운 하루가 되었습니다.

어찌 됐든 결론은 고객의 감성을 잡아야 한다는 것이다.

느낌을 따라 자연스럽게 표현하라. 고객들은 이성보다는 감성에 의해 움직이기 마련이다.

고루함을 벗고 세련되게

나를 짬뽕으로 알고
주문했던 사람들은
허연 내 모습에 당황했을 겁니다.

그렇지만 나는 짬뽕이 맞습니다.
다만, 기존의 고루함을 벗고
세련되게 다시 태어난 것뿐입니다.

단순히 맵기만 하던 육수에서
깊고 풍미가 넘치는 맛으로

굵기만 하던 면발에서
쫄깃하고 부드러운 날씬함으로

나는 나를 변화시키기 위해
모든 것을 걸었습니다.

내게 빠져 버린 사람들은
나의 맛에서 결코
헤어날 수가 없습니다.

✽ 나가사키 짬뽕

잘 팔리고 있는 상품 역시 신상품만큼이나 치열한 노력을 기울이고 있음을 잊지 마라.

상품의 생존은, 매일매일 노력을 쏟아 내는 과정의 연속선상에서만 존재할 수 있다.

새로운 맛의 세계로

나를 새롭게 발견한
놀라움이 큰가 봅니다.

사실 나는 이전부터 있었지만
나를 알릴 기회가 없었습니다.

온통 삼겹살로 뒤덮인 돈육 시장에서
그나마 겨우 얼굴을 내밀던 것이
목살, 앞다리 살, 뒷다리 살 정도였으니,

내가 설 곳이 없는 것도
당연한 일이었는지 모르겠습니다.

펜션이나 캠핑 여행 등을 통해
삶의 여유를 찾는 생활이 잦아지면서,

나는 비로소 나를 알릴 기회가
찾아온 것 같습니다.

이제 많은 사람이 나를 통해
새로운 맛의 세계로 빠져들 것입니다.

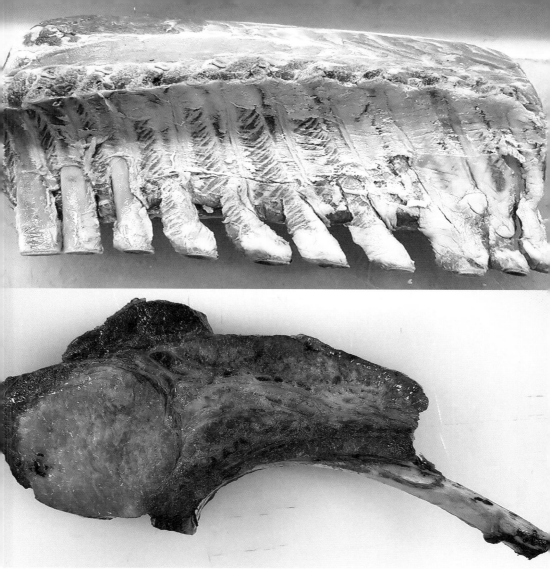

＊ 돼지 등갈비

새롭다고 모두 성공하는 것은 아니지만, 새롭게 기회가 열리는 것만은 확실하다.

신기함이 걷힌 뒤에도 유용한 효용 가치가 남아 있어야 한다. 재구매가 가능해지고 그
를 통해 안정적인 상품 운영이 담보되어야 한다.

참신한 나의 시도

동짓날만 되면
사람들은 팥죽을 찾습니다.

이제는 그것도 식상해졌는지
팥칼국수가 등장했습니다.

귀신을 쫓는 것인지
귀신을 위로하는 것인지
알 수는 없지만,

팥죽 한 그릇 먹자고
사람들은 이래저래
의미를 갖다 붙입니다.

덕분에 나 같은
참신한 상품도
태어나게 되었습니다.

쫄깃하고 달달한
국수와 팥의 조화가
일품입니다.

상품에 대한 꿈을 꾸고 있는 한, 상품은 현실이 된다.

팥죽에 칼국수를 결합한 맛은 기존에 경험한 맛을 융합하여 조화를 이루고 있다. 어떤
상품이든 가능한 일이다. 그것을 욕망하고 있는 한에서는 그렇다.

묘한 대조의 맛

거칠게 잘려진 대파와
부드럽게 찢어진 소고기가
묘한 대조를 이룹니다.

매운 듯 적당히 간이 된 국물은,
이들을 융합하는데
더할 나위 없이 완벽합니다.

나의 레시피는
지역마다 사람마다
조금씩 달라지겠지만
비주얼만큼은 항상 자극적입니다.

* 육개장

유사한 무리 중에서 홀로 뛰어나기란 쉽지 않은 일이다.

자신만의 콘텐츠를 갖는다는 것은 그만큼 혹독한 시간을 보내야 한다는 것이다. 그 과
정을 통해 보람과 기쁨을 느낄 수 있다.

고가의 맛있는 것들

고가의 맛있는 것들을
대중화하려다 보니
이렇게 작아진 것인지,
혼밥족을 위해
음식을 만들다 보니
이렇게 작아진 것인지
명확하지가 않습니다.

그럼에도 불구하고,
눈길을 사로잡는 맛들 때문에
흔들리는 마음은 차라리
혼자인 것이 행복할 것 같습니다.

그렇지만 나는
모두를 위한 음식입니다.

혼자 즐기면 혼밥이 되지만
함께 즐기면 만찬이 됩니다.

나는 혼밥보다는 함께하는
즐거움이 되기를 희망합니다.

영업이란 원래 위험이 클수록, 그만큼 수익도 높아지기 마련이다.

높은 위험을 컨트롤할 수 있다면, 그 비즈니스 모델은 큰 수익을 안겨 줄 것이다. 그러니 도전하고 성과를 누려라.

가벼운 몸과 마음으로

물이 말라서 가루만 남은 건지,
원래부터 가루만 있어서
물을 기다리고 있는 건지,
모르겠습니다.

원래 나 같은 건강 음료는
바로 마실 수 있도록 만들어지는 것이
지금까지의 관행이었는데
뜻밖에도 이렇게 가볍게 태어났습니다.
이제 나는 가벼운 몸과 마음으로
어디든 손쉽게 떠날 수가 있습니다.

마셔야 할 때,
그때 물을 붓기만 하면 됩니다.
나의 마지막 완성이
고객들의 손에 달려 있는 것입니다.

이렇게 나의 완성에 있어
마지막 즐거움을 고객이 선택할 수 있게 하는 것,
그것이 지금의 내가 살아남을 수 있었던
방법이었는지도 모르겠습니다.

* 물에 타는 가루 음료

상품에 대한 끊임없는 시도는, 우리를 새로운 차원으로 이끈다.

오늘의 실패를 두려워하지 말고 계속해서 나아가라. 결국 새로운 식음 문화가 열릴 것
이다. 어설픔을 이기고 나면, 온전해진 즐거움이 따를 것이다.

자연의 맛을 그대로

묵사발을 만들어 버리겠다고
서로 으르렁거릴 때,
내가 등장합니다.

그렇게 거친 모습이
나의 진정한 모습은 아닙니다.

나는 웰빙 음식입니다.
별미라고 느낄 수도 있고, 소화도 돕고
영양도 제공해 줍니다.

그냥은 먹기 어려운 식재료들을
가루로 만들고 다시 부드러운 식감의
묵 형태로 재변환을 시킵니다.

나의 참맛에 빠져 본 사람들은
나에게서 벗어나기 어렵습니다.

가장 단순한 가공 작업으로
자연의 맛을 그대로 즐길 수 있는
최상의 형태가 바로 나입니다.

거친 원료에서도 고급스러운 요리가 탄생할 수 있다.

많은 실패가 축적되고 나면, 그곳에서 기쁨을 만끽할 상품이 나오기 마련이다.

나를 꼭 감싸 안고

아침저녁으로 쌀쌀해지다 보니
몸이 으슬으슬 추울 때가 많아졌습니다.

그래서 내 친구는
나를 꼭 감싸 안고 있습니다.

온몸이 따뜻해지고
김도 모락모락 나서 좋습니다.

이렇게 한증막을 한 번 즐기고 나면,
내 몸은 훨씬 더 쫄깃해지고 탄력도 좋아집니다.

그러다 보니, 나는 어느덧 가장 맛있는
간식 중의 하나가 되었고

나는 비싼 가격에도 불구하고
잘 팔려 나가게 되었습니다.

혼자서는 이룰 수 없는 일들을,
하나가 되어 이루어 가는 기분은
말할 수 없이 상쾌합니다.

✳ 고기/김치 새우 삼각 교자

아무리 작은 시도라 하더라도, 새로운 시도는 새로운 상품을 탄생시킨다.

레시피의 변화, 소소한 기술적 변화는 식감을 자극하고 먹는 즐거움을 선사한다.

한정판이 이끄는 나의 봄

한정판이 이끄는 나의 봄은,
강렬하고
자극적이면서도
부드럽습니다.

지금 맛보지 않는다면,
앞으로 1년의 시간을 다시
기다려야 하기에,

짧은 시간을 화사하게
수놓는 나의 삶은,
그래서 더욱 아름답습니다.

촉박함이 피워 내는
나의 향기는,
내가 없을 이후의 시간들을 채워 가며
나를 고객들의 기억 속에
강렬하게 남길 것입니다.

유한하다는 것은 슬프지만, 가장 매력 있는 일이다.

아무런 제약이 없었더라면, 욕망을 자극하는 것도 쉽지 않았을 것이다. 제약이 없었더라면 지금의 이 특정한 시간에 강렬한 자극을 남기지도 못했을 것이다.

버려지던 찌꺼기였는데

회를 뜨고 나면
버려지던 찌꺼기였는데,
나는 이렇게 새롭게 태어났습니다.

처음부터 이렇게 예정되어 있던 것처럼
신선하고 품위 있는 것,
상품 중의 상품이 되어 버렸습니다.

그 작은 손질 하나로
내가 이렇게 달라질 수 있다는 것에
나는 무한한 감사를 드립니다.

'상품화'란 바로 이렇게
필요를 찾아 변신해 가는
모습일 겁니다.

고객의 욕구에 대한 통찰은, 새로운 가치를 창출할 수 있는 기회다.

노력이 집중될수록 상품의 가치는 고도화되어 간다. 평범과 비범은 구별의 실익이 없을 정도의 차이밖에 나지 않지만, 그 결과는 전혀 다르다.

최적화된 이동 수단

비싸디비싼 나를,
이렇게 저렴하게 아무 때나
사용할 수 있다는 것은,
문화적 축복이 아닐 수 없습니다.

도시의 거리에서
가장 빠르고, 편리한 교통수단은
역시 나일 수밖에 없습니다.

쇼핑도 하고, 산책도 하고
여유와 편리함이 함께하는 나는
개인에게 가장 최적화된
모두의 이동 수단입니다.

✻ 공용 전기 자전거

좋은 것만이 좋은 것은 아니다. 고객에게 만족을 주는 것이 좋은 것이다.

가장 좋은 것은, 필요에 적합한 것이 가장 좋은 것이며 유익한 것이다. 모든 것은 필요
에 의해 가치가 결정되기 때문이다.

본래의 가치를 찾아서

외모가
얼마나 중요한 역할을 하는지
나를 보면 새삼 깨닫게 됩니다.

허접하기 그지없던 모습에서
이렇게 정확하게
나를 표현할 수 있는 패키지가
태어나리라고는
상상조차 해 보지 못했습니다.

나를 나답게 표현하는 것

그렇습니다.
나는 비로소
나의 콘텐츠를 찾은 것입니다.

본질을 표현한다는 것이 생각만큼 쉽지는 않은 일이다.

진열되어 있는 상품들은, 당연히 잘 표현되고 있을 것이라 여겨진다. 그러나 실제로
현장을 살펴보면, 전혀 그렇지 않은 상품들이 너무나 많은 것에 놀라게 될 것이다.

호텔을 닮은 화장실

이렇게 아름다운 내가
하루 종일 하는 일이
온갖 배설물들을 다 받아 내고
치우는 일입니다.

그렇게 더러운 일을 하는데도
나는 이처럼 청결합니다.

더러운 것들이
나를 더 더럽힐 수도 있는데,
나는 그 더러운 것들에
당당히 맞서고 있습니다.

이곳에 들어서는 사람들은
놀라는 표정을 감추지 못합니다.
그리고 곧 즐거워합니다.

나의 변신으로 인해,
나는 사람들에게 기쁨을 주는
존재가 되었습니다.

* 고속 도로 휴게실 화장실

내재되어 있는 가치보다는, 발현되는 가치가 더 값질 수밖에 없다.

기능적인 성능이 중요시되던 시대에서, 감성적인 터치가 중요시되는 시대로 바뀌었
다. 이제 그 본연의 기능보다는, 그를 통해 얻어질 효용의 감성적 가치가 더 중요한 의
미를 지니고 있다.

07

분노와
불만

상품을 찾아 떠나는 여행에서 **분노란**,
스스로가 통제할 수 없는 상태로 옮겨 가면서
내부의 에너지가 표출되려고 하는 마음의 상태를 말한다.
외부를 향한 분노는 다른 사람을 상하게 하고
내부를 향한 분노는 스스로를 상하게 한다.

자신뿐만 아니라 주변의 관계되는
모든 사람에게 파멸의 영향력을 미칠 수도 있다.

또한, **불만이란** 심리적으로 받아들일 수 없는 것에 대한
거부감이 감정으로 강하게 반발되고
표현되고 있는 마음의 상태이다.

산 채로 묻혀 갈 때도

처음부터 이래야 했습니다.
우리가 그렇게 오랫동안 갑갑하다고
살 수가 없다고 말하지 않았습니까?

'닭장을 나온 암탉'이라는 영화를 찍을 때부터 이미 우리는
우리가 처한 현실의 비참함을 고발하고 있었습니다.

그런데 듣는 이가 없었습니다. 그래도 우리는 계속해서 외쳤습니다.
땅속에 수천 수백만의 동족이 산 채로 묻혀 갈 때도 그랬습니다.
몇 년 동안의 그 애달은 소리는 하늘로 메아리가 되어 사라졌습니다.

그런데 사람들에게 위험하다고 했을 때야
비로소 우리에게 관심을 가져 주었습니다.
그나마 그것이 얼마나 다행인지 모르겠습니다.
지금이나마 들어 주는 이가 있으니 말입니다.

이기적인 마음을 버리고 함께 공존할 수 있는 계기가 된 것은,
우리 모두에게 정말 행복한 일입니다.
동물 복지가 곧 사람 복지입니다.
건강한 동물을 이용해야 사람도 건강해집니다.
우리는 함께 건강할 수 있습니다.

＊ 동물 복지 통닭

지금 옳은 선택을 하고 옳은 상품을 만들지 않는다면, 미래에는 더 큰 대가를 치를 수밖에 없다.

눈앞의 작은 이익에 현혹되면, 미래의 더 큰 이익도 보지 못할 뿐만 아니라 심각한 위험에 직면하게 될 수 있다.

이용만 당했을 뿐인데

도핑 테스트처럼
잔류 농약 검사에 걸린 후,
정말 오랫동안
나는 자숙의 시간을
가져야만 했습니다.

내가 저지른 일도 아니고
나는 이용만 당했을 뿐인데도,
고객들의 분노는 쉽게 가라앉지 않았고,
나를 용서하지도 않았습니다.

그래서 너무나 오랫동안 나는 세상에서
나의 그림자를 지운 채, 살아왔습니다.

이익을 위해서가 아닌
고객들의 건강을 위해서
내가 올바로 쓰이길 원합니다.

이제 나는 모든 죄를 용서받고,
고객들의 건강한 생활에
도움이 되길 간절히 희망합니다.

* 삼채(종삼)

문제를 해결하려면, 스스로가 책임져야만 할 때가 있다. 그것이 무엇으로 인한 것이든 말이다.

책임을 진다는 것은, 다시 시작할 수 있다는 것을 의미한다. 어렵더라도 다시 시작해야 한다.

죽 끓듯 하는 당신의 변덕에

역겨운 발 냄새로 까뭉개기나 해 봤지
언제 한번 나를 생각해 본 적이나 있었겠습니까?
더러운 양말도 모자라 게으른 탓에
맨발가락으로 나의 얼굴을 비벼 댈 때면,
정말 토할 것 같은 굴욕감을 느낍니다.

말도 말발굽이 있어 천 리를 가는데,
당신은 나 없이 어딜 갈 수 있다고
나를 이렇게 천시하는지 모르겠습니다.
외출할 때 빛나던 나는 집으로 돌아오면 던져집니다.
기울고 뒤집어져도 신경조차 쓰지 않습니다.
정말 내가 질기디질긴 가죽으로 태어나지만 않았어도
나는 죽 끓듯 하는 당신의 변덕에 벌써 질식해 버렸을 것입니다.

나는 오랜 역사를 가지고 있는 귀족의 후손입니다.
오늘 나의 발원지를 와 보고 나니 한없는 감격에 가슴이 먹먹해집니다.
나의 존귀함에 없는 자긍심이 들고 나를 향했던
열정과 손길들에 나의 몸은 전율에 떱니다.

나는 비로소 나의 가치를 깨달았습니다.
나는 인류와 함께 발자취를 남길 것이기 때문입니다.

* 구두 장인의 터전 성수동

가장 소중하게 생각해야 할 가치가 의외로 가장 천대받을 수도 있다.

낮은 지위에 있는 상품들은, 무시되고 무관심한 것을 당연하게 여긴다. 그러나 그것은
이용의 과정일 뿐, 그 자체가 비천한 것은 아니다.

얼마나 더 나를 바꾸어야

얼마나 더 나를 강조해야,
내가 정말 귀하다는 것을
알 수 있을까요?

얼마나 더 나를 바꾸어야,
내가 정말 좋은 상품이라는 것을
이해할 수 있을까요?

얼마나 더 나를 화려하게 해야,
내가 정말 약효가 있다는 것을
설득할 수 있을까요?

장점을 아무리 외쳐도 통하지 않을 때가 있기 마련이다.

진실이라고 해서 모든 경우에 다 통하는 것은 아니다. 때로는 막혔기에 돌아가야 할 때
도 있고, 때로는 저급한 상품에 밀려날 때도 있다. 그런 일이 일어날 수 있는 것이 바로
현실이다.

아무리 기억을 더듬어 봐도

아무리 기억을 더듬어 봐도
내가 지은 죄가 기억이
나지 않습니다.

마치 술에 취한 사람들처럼
술을 담고 있는 나도
기억이 흐려졌나 봅니다.

내가 지을 죄를
미리 염려한 탓인지

이미 나의 몸은
칭칭 감겨 흉물스럽게
변해 있습니다.

나는 나의 원죄에 대한
죗값을 치르나 봅니다.

나를 사 가려는 고객들도
미리 대가를 지불해야
될 것 같습니다.

* 주류 배송

잘못된 것을 용인하는 것은, 함께 똑같이 잘못을 저지르는 것과 같다.

잘못된 것을 발견하고도 묵인한다면, 그 잘못은 결코 개선되지 않을 것이며 더욱 문제
가 되는 것은 그 잘못이 정당화된다는 것이다.

많은 것을 담으려는 욕심

나를 오남용하면,
이용하지 않는 것만
못할 수 있습니다.

내 안에 지나치게
많은 것을 담으려는 욕심은,
그만큼 더 많은 대가를
치르게 마련입니다.

마음만 급한 나머지
나로 온통 도배를 해 놓으면
더 잘될 줄 알겠지만,
본질인 상품이 묻혀 버립니다.

나는
간결할수록,
단순할수록,
덜 담을수록,
생명력이 살아납니다.

난무한 POP

* 난무한 POP

본질을 이해하지 못하면, 엉뚱한 곳에 더 많은 노력을 낭비하게 된다.

상품을 강조하고 판매하기 위한 것인데, POP가 더 많이 차지하고 있는 경우를 주객이
전도되었다고 할 수 있을 것이다. 불필요하게 많은 정보는, 고객에게 스트레스일 뿐이다.

비슷한 것끼리 모아야

우리를 진열하는 데는
불문율과 같은 원칙이 있습니다.
무엇이 옳다 잘라 말할 순 없지만,
오랜 경험을 토대로 정해진 규칙이 있습니다.

눈에 쉽게 띄어야 하고,
정보 전달이 잘되어야 하고,
충동적 욕구를 일으켜야 하고,
가격 저항을 넘어야 하고,
쉽게 구분할 수 있어야 하고,
안전해야 하고,
비슷한 것끼리 모아야 합니다.

나를 진열하기 위해서는 이렇게 나열되는
조건들을 맞추어 가야 합니다.

이것을 한마디로 정리하면,
"상품이 가장 잘 표현되어야 한다."라는 것입니다.

눈에 거슬리지 않고 편하게 들어오는
상품의 진열이 좋은 진열이 됩니다.

상품 진열의 핵심은 유사성, 연관성, 유익성에 있다.

같은 속성의 상품끼리, 같은 용도의 상품끼리 모아 놓아야 편안하게 고객의 눈길을 끌
어올 수 있다.

이번에도 어김없이

나는 이번에도 어김없이 불려 나왔습니다.
이제는 예전처럼 '예'를 갖출 일도 별로 없습니다.

불편하다고 금방 벗어 던져지는 내가
설 곳은 없는 것 같습니다.

호기심으로 입어 보고 예쁘다고 입어 봐도,
평소에 입어 보지 않던 것이 편안할 리가 없습니다.
그럼에도 나는 여전히 명절의 대명사입니다.

나를 보면 우리나라가 보입니다.
나를 보면 조상들의
생활의 멋이 보입니다.

그래서 나는 사람들에게
여전히 자부심이며 긍지입니다.

그런데도 불구하고
정해져 있는 패턴을 반복하고 있습니다.
이제는 지루할 만도 한 것 같습니다.

매번 같은 시기에 같은 모습으로, 의례적으로 반복되는 일에 즐거움이 있기는 어렵다.

관행대로, 정해진 대로 하는 일이 흥미를 끌 수는 없는 것이다. 의무적인 일에는 고단
함만이 있을 뿐이다.

자다가 일어난 게 아니라

내가 좀 부스스하다고 해서
자다가 일어난 게 아니라고요.

이곳은 언제가 밤이고 낮인지
구별이 되지 않습니다.

그래서 자고 있어야 하는지,
일어나 있어야 하는지 알 수가 없습니다.

그래도 다행인 것은
절기가 바뀔 때마다
그리고 신상이 나올 때마다
새것으로 입혀 준다는 거지요.

그래서 나는 같은 듯하지만
항상 다른 모습입니다.

특별하게 돋보이지 않는 차이는, 차이가 없는 것과 같다.

조금 더 자신만의 캐릭터를 살려야 한다. 그래야 차이가 확대되는 것이고, 그것을 고
객들이 알아차리게 되는 것이다.

정말 물로 보나

나를 정말 물로 보나 봅니다.
누구는 그게 그거니까 그냥 싼 거 사라고 하고,
누구는 그래도 뭔가 품질의 차이가 있을 테니까
비싼 걸 사라고 합니다.

차마 툭 까놓고 이야기하지 못하는
것에는 이유가 있습니다.

우리의 효용 가치는
가격에 의해 결정되는 것이 아니라,
고객의 욕구에 의해 결정되기 때문입니다.

우리가 정말 자존심까지 구겨 가면서
말도 안 되는 판매 가격 밑에 진열되어 있어도,
우리의 가치를 모르는 고객들은
여전히 우리를 외면합니다.

그럴 땐 속으로 혼자 이렇게 이야기합니다.
"나를 정말 물로 보나?"

가볍게 보는 것에서 오류를 일으킨다.

무엇 하나 중요하지 않은 것은 없다. 다만 관심의 비중이 작을 뿐이다. 관심의 비중이 작다고 해서, 그 상품의 중요성이 사라지는 것은 아니다.

08

도전과
노력

상품을 찾아 떠나는 여행에서 노력이란,
무엇인가의 목적하는 바를 이루기 위해 자신의 축적된
경험과 에너지를 집중하고 있는 마음의 상태이다.

자신의 역량을 모으고 있는 역동적인 상태로
새로운 환경과 충돌하는 과정에서 새로운 경험과
깨달음을 얻을 수 있는 유익한 상태이지만
가장 많은 시련과 부딪히게 된다.

또한, 노력에서 도전이 나온다.
도전이란 기존의 관행적 현실을 깨고
새로운 현실을 만들어 가는 과정에서 겪는
마음의 흥분과 기대감이 넘치는 상태를 말한다.

그러나 새로 만들어진 현실 역시 시간이 지남에 따라
다시 깨어져야 하는 대상이 되기도 한다.

그래서 도전의 끝이란 존재할 수가 없는 것이다.
매 단계 도전의 마지막은 만족과 즐거움,
행복이 될 수도 있고 분노와 비참, 좌절이 될 수도 있다.

세상을 둘로 갈라놓은 나

내가 세상에 처음 나오자마자
고객들과 시장은 둘로 갈라졌습니다.

생감자의 원형과 식감이 훨씬 더 중요했고,
점점 고도화되어 가던 감자 칩 시장에서
성형으로 모습을 나타낸 나는
상당히 충격적이었고 이질적이었습니다.

그런데 뜻밖에도 나는 젊은 사람들 사이에서
폭발적인 관심과 사랑을 받으며,
그해 가장 성공한 상품이 되었습니다.

미식가가 아니라면 품질의 차이에도 불구하고
기꺼이 가성비가 최고인 나를
선택할 수 있다는 사실을 알게 되었습니다.

나로 인해 감자 칩 시장뿐만 아니라
대부분의 시장에서는 최고의 품질 추구 상품과
최저의 가성비 상품으로 양분되었습니다.
나는 창조적 파괴의 시작이었으며,
또한 현재 진행형입니다.

* 노브랜드 감자 칩

파괴는 충격적이다. 그러나 곧 환희로 뒤덮이게 될 것이다.

충격적일수록, 고객의 반응은 더 강렬해진다. 예상하지 못한 즐거움은 그 상품에 애정
과 충성을 듬뿍 실어 주기 때문이다.

강렬하고 자극적인

눈길을 사로잡는 나의 자극적인 모습만큼이나,
나의 맛 또한 강렬하고 자극적입니다.
그렇지만 이런 나에게도 고민은 있습니다.
너무나 많은 유사 상품과 계절 없이 쏟아지는
물량 공세에 나 역시 설 자리를 위협받고 있습니다.

모든 고객을 나에게 묶어 두려는 것은 아닙니다.
다만 고객들이 가끔은 나를 찾아 주길 원하는 것뿐입니다.

고객들의 기분과 입맛이란,
무척이나 변덕스럽고 까탈스럽습니다.
그렇게 절친했음에도 다른 맥주의 광고 한 편에
나를 기억의 저편으로 밀어내 버리기도 합니다.

나도 나만의 독특함만을 주장하는 것이 나 스스로를
고립시키는 결과를 낳을까 봐 두렵기만 합니다.
그래서 가끔 고객들이 나를 잊어 갈 때쯤에,
이렇게 확실하게 나의 모습을 보여 줄 수밖에 없습니다.

잊히지 않기 위한 나의 치열함 속에,
나의 삶이 지지되고 있기 때문입니다.

화려함을 받치고 있는 치열함이 보이는가? 영업이란 본래 그런 것이다.

고객들은 겉보기의 화려함에 현혹되지만, 그렇게 연출하기까지 속에 내재되어 있는 노력들을 볼 수 있는 고객은 별로 없다. 고객을 감동하게 한다는 것은, 에너지가 끊임 없이 소모되는 과정이다.

선택되기 위한 노력들

겨우 엄지만 한 모자에도
나의 모습은 흡사
사람과도 같아 보입니다.

고객들이 나를 대하는 모습 역시
사람을 대하는 것 같습니다.

동질감을 느끼고 감정을 느낀다는 것이
바로 이런 거구나 하는 생각이 듭니다.

자신과 얼마나 닮고
같아져야 마음을 열 것인지
고객들의 마음을 알 수가 없습니다.

우리가 고객들의 마음속에 들어가기란
정말 고단하고 어려운 일입니다.

수많은 선택의 축복이 내려진 고객들에게
우리가 선택되기 위한 노력들이,
우리를 더욱 '인간화'하고 있습니다.

선택되지 못함은 쓸모없음이고, 쓸모없음은 퇴출을 의미한다.

수많은 상품이, 수많은 경쟁 속에서 선택되기를 희망한다. 그러나 이미 풍요로워진 고
객에게 선택된다는 것은, 쉬운 일이 아니다. 상품 스스로가 더 특별해지지 않는다면.

캐릭터로 위장도 하고

아무리 몸에 좋다고 설득해 봐야
소용이 없습니다.
고객의 입맛이란 즐겁고자 하는
본능에 따라 움직일 뿐입니다.

당위적으로 주장되는 건강식은
외면을 당할 수밖에 없기에
맛이 없으면 그걸로 끝장이 납니다.

그래서 우리는 이렇게 친근한 캐릭터로 위장도 하고
용량을 줄여서 부담감도 덜어 줬습니다.

가미를 하자는 유혹에 빠져
존재의 의미까지 흔들려 봤지만,
결국 원래의 내 모습으로
돌아올 수밖에 없었습니다.

순수함으로 살아온 시간만큼
다시 또 시간을 보내야 하겠지만,
결국 나는 고객들에게
선택될 것을 믿습니다.

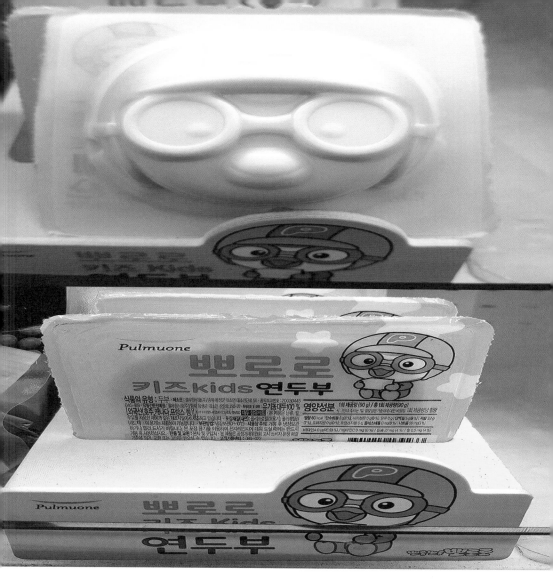

외모가 중요하다. 식감의 절반은 비주얼 속에 이미 담겨 있기 때문이다.

상품이 어떤 모습을 하고, 어떤 느낌을 주고 있느냐는 너무나 중요하다. 대부분의 고객은 겉으로 표현되는 것으로 이미 절반의 의사 결정을 이루기 때문이다.

결정적인 핵심 역량

아무도 모를 수 있는
이 작은 차이가
결정적인 핵심 역량이 됩니다.

천 리 길도
내딛는 한 걸음에서부터
도착을 향해 나아가는 것이고

돌을 뚫는 낙숫물도
하나의 물방울에서
시작이 됩니다.

고객들이 쉽게 인지할 수 없는
이 작은 차이들이 모여
고객들을 만족시켜 갑니다.

알 수도 없지만
알아도 흉내 낼 수 없는
나의 표현 방법이
나를 위대하게 만들어 줍니다.
나는 디테일입니다.

대개는 무시되는 그 가치로 인해, 더 이상 성장하지 못하는 경우가 많다.

쉽게 무시되는 곳에서, 자신만의 가치를 극대화할 수 있는 실마리를 찾을 수도 있다.
그러나 그것을 발견하는 것은, 결코 쉬운 일이 아니다. 디테일은 고도로 전문화되는
것보다 더욱 어려운 일이다. 그것에는 소울이 있어야 하기 때문이다.

사용의 편리와 효용의 재발견

내가 그렇게 몸에 좋다고 하면서도
정작 민얼굴의 나를 알아보는 고객은 드뭅니다.
이렇게 기술의 힘을 빌려
나타나야만 비로소 나를 알아봅니다.

이렇게 가공이 되고 나서야 나의 진가를
알아주는 것이 섭섭하기도 하고 기쁘기도 합니다.
원래의 모습대로라면 고객들은 나를
어떻게 이용해야 할지 매우 난감해했을 테니까요.

나는 항상 최선의 방법을 찾아
고객들에게 다가갑니다.

사용의 편리와 효용의 재발견이
나를 변화시키는 원동력입니다.

나는 가공이라는 과정을 거쳐 무한히
그 용도와 가치를 향상해 나가고 있습니다.

가공은 나를 새롭게 태어나게 하는
생명의 원천입니다.

좋은 상품이란, 소비하는 고객의 노력이 최소화될 수 있는 상품을 말한다.

많은 노력을 들이지 않아도 손쉽게 이용할 수 있는 상품의 이용 편리성은 본질적 가치보다도 더 중요해지고 있다. 상품의 품질이 더 좋아지고, 더 대중화될수록 더욱 그렇다.

맛의 비밀은 6조각

　나는 일 년 연중 따뜻한 햇살이 내리쬐는 적도 가까이에 있는 섬나라에서 잘 살고 있었습니다. 그런 내가 한국으로 온 이유는, 나에 대한 한국 사람들의 이미지가 너무 좋아서입니다. 사람들은 파인애플인 나와 내 친구인 바나나만 보면 마치 오랜 친구를 만난 것처럼 반가워합니다. 그래서 나도 간혹가다가 내가 한국산이었나 하는 생각이 들 정도입니다. 그런데 문제는 한국에서 생활하는 것이 너무 힘들다는 것입니다.

　법이란 '된다', '안 된다', '해라', '하지 마라'로 명쾌하게 나누어진다고 했습니다. 그러나 내가 겪어 본 바로는 '되는 듯 안 되고, 안 되는 듯 되는 것'이 한국의 법인 것 같습니다. 그래서 제가 판매되는 방법에도 제약이 많아서 "구매하시면 즉석에서 절단해 드린다."라고 고지를 했습니다.

　나는 맛은 좋지만 먹기가 불편합니다. 나는 껍질이 두꺼워서 껍질을 벗겨 내기가 쉽지가 않습니다. 심줄도 많고 가운데는 견고하게 뭉쳐 있는 심 기둥이 자리하고 있습니다. 그래서 나만을 위한 맞춤형 절단기까지 특별히 제작되어 있습니다. 칼날이 한 번만 움직이면 겉껍질, 과육, 심이 고스란히 분리되는 참으로 신기한 기계입니다. 이 기계 덕분에 저는 헤아릴 수 없을 만큼 많은 양이 판매되었습니다. 절단기 덕분에 나는 오랫동안 판매될 수 있었고, 그렇게 판매한 덕분에 나는 가장 오랜 기간, 가장 인기 있고, 가장 많이 판매되는 과일이라는 영광의 자리에 오르게 되었습니다. 싱싱하면 뱀이 나올 것 같다고 핀잔을 주고, 잘 익으면 과숙이 됐다고 버리라고 하고, 온갖 구박에도 불구하고 친근해진 맛으로 인해 나는 오랫동안 생명력을 유지할 수 있었습니다.

　나는 오랜 불법 거주 생활을 끝내고 비로소 합법적인 거주를 시작했습니다.

관계 기관은 나의 전용 욕조인 개수대를 설치하지 않았다는 이유로 정상적인 판매를 허락해 주지 않았습니다. 관계 기관이 야속했지만 꾹 참고 거주지를 옮겨 간신히 욕조를 마련했습니다. 지금까지는 불법 거주자였다면, 이제부터는 인허가를 취득한 합법적인 판매로 위상이 달라졌으니 정말 행복합니다. 이제는 마음 놓고 가로로, 세로로, 둥글게도, 슬라이스도 하고, 원통으로 놓이기도 하면서 자유롭게 나를 표현할 수가 있게 되어 기쁩니다. 나의 이런 이용 용도에 맞는 다양한 변화를 보니 역시 한국으로 건너오길 잘했다는 생각이 듭니다.

＊ 6쪽 파인애플

좋은 상품이 되는 것보다, 좋은 상품임을 증명하는 것이 더 힘들 때가 있다.

너무 많은 상품과 너무 많은 경쟁으로 인해 좋은 것이 좋은 것으로 인정받기란 참으로 힘든 일이 되었다. 보다 강력한 존재감의 표현이 없다면, 존재하고 있다는 사실조차도 잊어버리게 될 것이다.

가격을 파괴하고 새로운 맛을 찾아

원래 나의 태생 자체가
가격을 파괴하고
새로운 맛을 찾아
가성비를 높이는 것이었습니다.

초콜릿이라고 해서
나의 이러한 열정을 피해 갈 수
있는 영역은 아닙니다.

나는 고객들이
쉽게 접근하지 못하는
높은 가격의 상품들을 공략하여
과감히 가격을 낮추었으며,

누구나 쉽게 이용할 수 있도록
가능한 모든 방법을 동원해
헌신적인 노력을 다하고 있습니다.

그래서 오늘도 이렇게
나로 인해 혜택을 보는 사람이
많이 생겨나고 있습니다.

두려움이란 실체가 없는 것이다. 자신의 마음속에서 허락하지만 않는다면 그렇다.

누군가로 인해 검증된 일을 한다는 것은, 안전하기는 하다. 그러나 그것이 흥미로울 수는 없는 일이다. 그것은 남이 하지 못하는 일을 했을 때, 비로소 자신의 역사가 쓰이기 때문이다.

새로운 접근의 시도

팬 피자와 씬 피자가 있다면,
우리에게도 팬 오레오와
씬 오레오가 있습니다.

우리가 두께에 의해서도 맛이 달라지고,
기호가 달라질 수 있다는 것이 신기합니다.

우리가 두꺼우면
부드러움을 담을 수가 있습니다.
투박함 속에서도 부드러움을
느낄 수가 있지요.

우리가 얇으면 바삭함을 담을 수가 있습니다.
형체를 유지하고 있으려면
나를 견디고 있을 힘도 필요합니다.

그러다 보니 자연스럽게
저작감에서 가장 큰 차이가 납니다.

나는 새로운 맛을 찾아
새로운 접근을 시도하고 있습니다.

같은 것이라 하더라도 얼마든지 다르게 표현할 수 있다. 욕구에 충실히 따를 수만
있다면.

상품의 유익함이란 제공되는 것이 아니라, 소비하는 고객들이 느끼는 심리적 만족에
있다. 상품의 개발이란, 그 심리적 만족이 반향을 일으킬 수 있도록 하는 것이다.

나를 향한 사람들의 느낌

나를 그 조그마한 한입으로
감당하기는 어려울 것입니다.

오랜 기간의 고민 끝에
나는 모습을 드러냈습니다.

레시피의 배열이 다른 이유도,
오래도록 남는 패티의 탄 내음도,
부드러운 빵의 이유도,
지금은 말해 줄 수가 없습니다.

느낌!
나를 향한 고객들의 느낌이 필요합니다.
그 느낌이 모여야
비로소 내가 보일 것이기 때문입니다.

✳ 햄버거 플랜트

결국은 성공할 것이다.

이미 포기했더라면, 오늘이 존재하지 않았을 테니까. 결국 햄버거 플랜트는 노브랜드
햄버거로 어느 정도의 성공을 거둘 수 있었다.

09

비참과
시련

상품을 찾아 떠나는 여행에서 **시련이란**,
계속해서 일이 풀리지 않고 부딪쳐 가면서
해결의 기미가 보이지 않는
난감함이 지속되는 마음의 상태이다.

시련을 극복할 수는 있겠지만
오래되면 익숙해지게 마련이다.

또한, **비참이란** 상처받는 정도가 심해서
마음을 추스르기가 어려울 정도로
충격을 받은 마음의 상태를 말한다.

남에게 대비되는 자신과
자신에게 대비되는 자신의 모습이
모두 부끄럽고 수치스러운 감정으로 휩쓸리는 상태이다.

썩고 떨어져 나가는 살점들

다시 태어나는 기분이란,
바로 이런 것일 겁니다.

나는 6년이라는 세월을 너무나도 힘들게 보냈습니다.
나를 거침없이 밟고 다니는 자동차들을 이겨 내는 것도 그랬고,
눈에 얼고 비에 젖다 보면 뼛속 마디마디 배어 오는 고통이란,
차마 말로 표현할 수가 없었습니다.

몸 곳곳이 부식이 되어
썩고 떨어져 나가는 살점들을 보면서,
내 처량한 신세에 울고 또 울었습니다.
그러나 이제 나는 다시 태어났습니다.
고통스러웠던 지난날들은
모두 두꺼운 칠 속에 묻어 버렸습니다.

이제 나는 갓 태어난 생명력을 가지고
보람되게 살아갈 것입니다.

나를 보는 모든 사람이
나로 인해 행복할 수 있도록 말입니다.

고난을 가만히 견디고 있는 것보다는, 그것을 딛고 일어서는 것이 덜 힘든 일이다.

참고 인내하는 것에는 끝이 없을 수도 있다. 차라리 환경을 아예 바꾸어 버리는 것이,
더 나은 선택이 될 수도 있다.

남다른 대가를 치러야

나는 정말 수줍음이 많은 편입니다.
그러니 남에게 나의 속살을 보인다는 것은 말할 필요도 없을 것입니다.
나의 하얀 속살의 달콤함을 맛보기 위해서는, 남다른 대가를 치러야 합니다.

내가 그토록 아삭한 식감과 단맛을 낼 수 있는 것에는 다 이유가 있습니다.
이글거리는 태양 한 줄기, 휩쓸려 가는 장맛비 한 방울,
동트는 눈부심 한 빛, 벌레 씹히는 소리 한 소리, 외로웠던 시간 한 점,
나는 그런 수많은 것을 담아냈고, 그런 수많은 위험으로부터
나를 보호하기 위한 처절한 노력을 해 왔습니다.

밤 가시로 나를 둘러싸고 방탄복 같은 껍질을 두르고
쌉쌀한 속껍질까지 철저히 나를 방어해 왔습니다.
그런 소심한 나를 세상에 내놓는 일은 결코 쉬운 일이 아닙니다.
나로 인한 불편함은 많은 고객에게 나를 포기하게 했고,
나는 온전히 나를 유지할 수 있었습니다.

나는 열매이자 곧 생명입니다.
소비되지 않고 남는다면 나는 다시 생명을 틔울 수가 있습니다.
나는 여전히 처음부터 내가 할 수 있는 최선을 다하고 있었던 것입니다.

* 알밤

일련의 많은 노력이 모두 결실로 이어질 수 있는가는, 의문으로 남을 수밖에 없다.

수많은 노력에도 불구하고, 아무런 성과를 얻지 못할 때도 있다. 열심히 했다고 해서
행위가 인정이 되는 것은 아니다.

생을 마감하는 인위적인 시간

'입점일: 10월 20일' 날짜는 마치
죄수 번호처럼 우리를 구속하고 있습니다.
이제 4일 이내에 판매되지 않는다면,
우린 할인 판매를 거쳐 폐기 처분의 수순을 밟아야 합니다.

우리가 아무리 멀쩡해도 우리에게 가혹하게
다가오는 '진열 기한'이라는 카운트다운은,
우리를 심한 스트레스로 몰아넣습니다.
이렇게 된 이유는, 바로 우리 감귤에게 존재하는
고유한 특성 때문입니다.

동일한 기준의 선별과 동일한 환경에서의 관리에도 불구하고,
우리 중에는 곰팡이가 나거나 짓무르거나 하는 것이 꼭 발생하게 됩니다.

원인을 알기도 어렵습니다.
그냥 자연적인 현상이라는 말밖에 할 수가 없습니다.
그래서 우리는 인위적으로 정해진 기간에 강제로
생을 마감해야 하는 신세가 되어 버렸습니다.

철저한 관리를 통해서 사람들의 신뢰를 회복하려는 노력에는,
많은 감귤의 희생이 뒤따르고 있습니다.

입점일 : 10월20일

품 종	원산지	국 산	등급	특

품 종	타이벅감귤	중량	3Kg
작업자	위미농협유통사업소	규 격	
전화번호			L
생산자			
주 소	서귀포시 남원읍 위미리		
검사원번호	?-014-063		
검사원	한종배		
품질검사:검사필			

대표생산자
김종석

2 500000 139932

* 진열 기한

인위적인 규제는 인위적인 피해를 낳는다.

필요한 통제 역시 반대급부적인 피해를 낳는다. 그럼에도 불구하고, 통제하는 실익이
크기 때문에 통제할 수밖에 없는 것이다.

이제 남은 일은 소멸하는 것

온몸이 찢기고 가루가 되도록
달리고 또 달렸습니다.
오직 주인만을 위해
한길만 바라봤습니다.

아스팔트를 녹이는 끈적끈적한 여름에도,
작은 움직임에도 휘청 돌아 버리는 빙판길에서도,
자갈이 몸에 박히고 고인 물에 숨을 헐떡여도,

나는 오로지 주인을 위해 달렸습니다.
그런데 그렇게 헌신한 대가가 지금의 이 '버려짐'입니다.
참으로 허망하고 속절없는 일입니다.

나로 인해 어디든 갈 수 있었고
나로 인해 안전함을 보장받았는데
쌓인 정이 이렇게 부질없습니다.

이제 남은 나의 선택은 사라지는 것입니다.
새로 온 친구가 그간의 내 일을
대신할 수 있도록 나는 소멸하는 것입니다.
이것이 나의 주인을 향한 마지막 사랑입니다.

* 낡은 타이어

낡은 것은 사라지기 마련이다. 시간이 그것을 결정한다.

아무리 헌신적으로 열정을 쏟아부어도 시간이 상황을 바꾸어 버리고 나면, 모든 것이
바뀌고 사라지게 마련이다. 이것은 상품이나 사람이나 다 마찬가지이다.

가슴속으로만 안고 가는

우리가 얼마나 몸과 마음이 여린지
고객들은 관심도 없나 봅니다.

수줍음 많은 우리는 항상 얼굴이 빨갛습니다.
그래서 아파도 싫어도 차마 이야기를 하지 못합니다.

우리는 조금만 충격을 줘도, 조금만 오래 잡고 있어도
우리 피부의 속살은 변색되고 괴사하고 썩어 들어갑니다.

우리를 이렇게 산처럼 쌓아 놓으면 멋있을 것 같지만
우리에게는 매우 치명적인 일이 됩니다.

사람들의 고르고 고르는 끝없는 손길 때문에
남아 있는 나의 친구들은 골병이 들 수밖에 없습니다.

우리끼리 부딪히고, 사람 손에 부딪히고,
컨테이너에 부딪히고, 마른 바람에 부딪히고,
진열 시간에 부딪히고, 남아서 만신창이가 된 우리는
결국 폐기의 운명을 맞이하게 됩니다.

가슴속으로만 안고 가는 우리의 상처를 이제는 알아 주세요.

대우받는 것에 따라 품격이 달라지기도 한다.

저렴하게 취급하면 저급품으로, 비싸게 취급하면 고급품으로 취급을 받기 마련이다.

천 년의 납작 엎드림에도

　우리는 위장술에 있어서 최고의 전문가입니다. 바닷가의 바위틈이나 바닥에 그냥 엎드려 있으면 아무도 알아보지 못합니다. 그냥 흔한 돌멩이 정로로 알고 지나칩니다. 우리가 이렇게 위장술을 익힌 것에는 다 이유가 있습니다. 고객들 사이에서 '보양식'이라고 하면, 가장 먼저 입에 오르내리는 것 중의 하나가 바로 우리 전복입니다. 병원에 입원한 환자도 우리를 그렇게 찾아 대며 죽을 씁니다. 정말 죽을 맛이지요. 한여름 닭 배 속에 우리를 넣지 않으면 진정한 삼계탕이 아니라며 기어코 우리를 그 좁은 틈을 비집고 집어넣습니다.

　요즘은 레시피의 발달로 각종 요리에 재료로 통째 요리를 해 댑니다. 고객들은 우리를 암놈이냐, 수놈이냐 구분하며 성차별을 하기도 합니다. 지금이 어느 시대인데……. 이렇게 갖은 시련을 겪으며 고난을 이겨 내려다 보니 우리는 점점 더 강해질 수밖에 없었습니다. 그런 위험을 피하기 위해 우리는 이렇게 엎드려 생활할 수밖에 없었고 그렇게 살아온 지가 천 년은 넘은 것 같습니다.

　미동도 하지 않는 오랜 생활 탓인지 우리 몸에는 사리가 생기기 시작했는데 고객들을 그것을 진주라고 불렀습니다. 모든 전복에서 다 나오는 것이 아니다 보니 진주를 얻기 위해 우리 전복을 더욱 많이 잡아가는 일이 벌어졌습니다. 귀함에 귀함을 더하면 고귀해져야 하는데, 우리는 거꾸로 씨가 마르는 고난의 연속입니다.

　다행히 양식 기술이 발전하고 있어서 우리를 돕는 사람이 많이 생겼습니다. 그래서 이제는 마음 놓고 살아갈 수가 있게 되었습니다. 많은 고객을 즐겁게 해 주면서 우리의 삶도 윤택해졌습니다.

✻ 활 전 복

고귀한 대접이 항상 좋은 것은 아니다.

때로는 상품이 존재하고 있는 환경을 바꾸어 볼 필요도 있다. 기존의 환경에서는 기존
의 성과밖에 얻을 것이 없기 때문이다.

배를 갈라 보여 주어야만

우리가 이렇게 홀딱 벗고 누워있는 것은,
고객들의 바람 때문입니다.

올 누드로 전체의 모습을 봐야만 비로소
믿을 수 있다는 그 고루한 사고방식은 우리를
수천 년 동안이나 이렇게 누워 있게 만들었습니다.

그나마도 만져 보고 찔러 보고 뒤집어 보면서
까탈스럽기가 그지없습니다.
배를 갈라 속까지 보여 주어야만
믿는 경우도 있습니다.

왜 이렇게 유독 우리에게만
그렇게 신선할 것을 강요하는지
그 이유를 알 수가 없습니다.

우린 나름대로 최선을 다하고 있는데도
우리보다 더 고착된 고객들의 습관은
쉽게 바뀔 것 같지가 않습니다.

이제 그만 나를 믿어 줬으면 좋겠습니다.

* 재래시장

오래된 습관은 바꾸는 것은 오랜 시간이 걸릴 수밖에 없다.

습관을 바꾼다는 것은, 몸에 밴 생각을 바꾸는 것과 같다. 그게 쉬울 리가 없다. 상품의
개발과 운영 역시, 장기적인 관점에서 접근해야 하는 이유이다.

구석진 곳에 처박혀

한때 모든 거리에서
그것도 가장 잘 보이는 곳에
나는 자랑스럽게 서 있었습니다.

고객들은 나를 한번 붙들면 놓을 줄을 모르고
이야기 속으로 빠져들었습니다.

그랬던 내가,
이렇게 구석진 곳에 처박혀
누구의 시선도 받지 못하고 있습니다.
이제는 더 이상 고객들이
나를 찾지 않습니다.

고객들의 손에는
나와는 비교할 수 없을 정도로
세련된 스마트폰이 들려 있으니
그들은 아쉬울 게 없습니다.

이제는 유물이 되어 버린 나는,
이렇게 과거의 시간 속에서 쌓이는
먼지와 함께 묻혀 가야 하나 봅니다.

＊ 공중 전화기

그땐 소중했고 지금은 아니다. 욕구는 변화하기 때문이다.

선택할 수 있는 수단이 없었을 때의 존재감과, 선택할 필요가 없어진 때의 존재감이란 다를 수밖에 없다. 상품이란 언제, 어떤 상황에서 존재하고 있느냐에 따라 효용의 가치가 달라진다.

이렇게 덩그러니 놓여

살다 보면 어쩔 수 없는 경우도
생기게 마련입니다.

결국 나는
끝까지 홀로 있을 겁니다.

하나가 더 있어야 짝을 이루어
비로소 팔려 나갈 텐데,

나 혼자만 이렇게 덩그러니 놓여 있으니
나에게 눈길이 올 리가 없습니다.

가뜩이나 나를 빙자한
'저가 상품'들이 득실대는
살벌한 경쟁 속에서,

나의 모습은 더욱 초라해
보일 수밖에 없습니다.

나는 외로울 틈도 없이 각박한 현실 속에
매몰되어 버릴 것 같습니다.

✷ 물티슈 1+1 행사

아무리 기획을 잘해도, 의도하는 대로 모든 일이 이루어질 수는 없는 일이다.

부딪치는 수많은 관계 때문에 목적대로 이루어지는 일이 드문 것이다. 어쩌면 일이 어긋나는 것이 일상적인 일인지도 모를 일이다.

몰골이 더욱 비참해지고

나 같은 건 없는 것이 나을지,
있는 것이 나을지,
고민스럽습니다.

마지막 순간까지도 쓸모 있게
존재하고 싶은 나의 욕망은
수많은 구설과 비난에 위축되고 초라해져
몰골이 더욱 비참해지고 말았습니다.

이럴 거면 좀 더 일찍
나를 처분했더라면
이런 수모는 당하지 않았을 텐데

미련을 버리고
기꺼이 사라져야 합니다.
어떤 때는 존재하는 것보다
존재하지 않는 것이 더
아름다울 때가 있는 것 같습니다.

그때가 내게 왔을 뿐,
그것이 나의 잘못은 아니기 때문입니다.

* 알뜰 상품(할인 상품)

가치를 지켜 내는 일에는 냉철한 실천력이 요구된다.

상품의 가치는 고객이 구매 의사가 있는 인내심의 한계까지다. 구매 의사가 소멸한 상
품은 함께 소멸해야 한다.

홀로 있을 때가 많아

사람들이 나에게 반하는 이유는
필요해서가 아닙니다.
단순히 귀여워서
그냥 갖고 싶어서 입니다.

그렇지만 막상 소유하고 나면
나는 홀로 있는 때가 훨씬 더 많습니다.

눈에 띄면 나를 가만 놔두지 않고,
눈에 띄지 않으면 존재를
기억조차 하지 못합니다.

고독의 시간은 그렇게
내 곁을 떠나지 않고 있는데,
여전히 나는 이렇게
귀여운 표정으로 있어야 합니다.

사람들의 감정 기복을 따라
나는 있기도 하고 없기도 합니다.
그래서 나의 애교에는
애절한 듯 슬픈 그림자가 있습니다.

일방적인 일에는 상처가 따르기 마련이다.

무심한 일이나 동의하지 않는 일이 일방적으로 진행될 경우에는 관계에 상처가 남게
마련이다.

나를 보고 있지 않아

고객들은 나를 보면서 환호하고 웃고 울고
느끼고 감동하고 위로를 받습니다.

그래서인지 고객들은
내 곁을 떠나지 못하고
대부분의 여가 시간을
나와 함께 보내고는 합니다.

나는 그럴 때마다
보람과 뿌듯함을 느끼지만,
한편으로는 슬픔을 감출 수가 없습니다.

고객들은 나를 보고 있지만
정작 나를 보고 있지는 않습니다.

고객들은 나의 존재를 인식하지 못합니다.
영상과 음향에 빠져 나를 알아보지 못합니다.

내가 있어서 그것들을 볼 수 있는데도,
나는 그렇게 있는 듯 없는 듯
존재하고 있습니다.

보여 주고 싶은 것과 보이는 것은 다를 수 있다.

TV를 강조하고 싶은데도 고객들의 눈은 이미 화면 속으로 빨려 들어가 있다. 꼭 필요한 고객이 아니라면 TV에는 주목하지 않는다. 이렇게 의도와는 다른 결과를 낳는 경우가 많다.

이렇게 차갑게 식어 버릴 줄은

처음 내가 나올 때만 해도 정말 '핫'했습니다.
SNS에 내 사진이 넘쳐 나고
나를 한번 먹어 보겠다고 줄을 서고
온통 내 이야기로 가득했습니다.

그런데 이게 웬일입니까?
이제는 내가 존재하는지조차
관심을 갖는 사람이 없습니다.

그 뜨겁던 열정이
이렇게 차갑게 식어 버릴 줄은
몰랐습니다.

'트렌디'하다는 것이
순간에 달아오르고
순간에 꺼져 버리는 것이란 걸
깨달았습니다.

그럴 줄 알았으면
적정한 선에서 정착하는 건데
참으로 허전합니다.

＊ 치즈몽땅번

그 순간의 영광과 행복으로 만족하라.

시간이 그것을 흩트려 놓을지라도, 매 순간 만족함으로 보내라. 그러면 과거와 현재,
나아가 미래까지 행복함으로 연결될 것이다.

가치 있는 존재

내가 냉동 상품이라고는 하지만
정작 나의 본질까지
냉동은 아닙니다.

단지 안전한 보관을 위해
잠시 이러고 있는 건데

정말 이렇게까지
나를 얼려 버리는 것은
너무한 것 같습니다.

나는 그저 얼음덩어리가 아닌
가치 있는 존재이고 싶습니다.

어쩔 수 없는 외부의 요인이 자신의 존재감을 좌우할 때도 있다.

자신의 노력만으로 모든 문제가 해결되는 것은 아니다. 어떤 때는 노력 끝에 좌절하고, 어떤 때는 저절로 문제가 해결되기도 한다.

우리는 선택되지 못하고

갈수록 풍요로워지고
갈수록 다양해져 가는
커피 시장에서

내가 선택될 확률은
오히려 더 줄어 가고 있습니다.

끝도 없이 세분되어 가는 입맛을 따라
우리 역시 끝도 없이 달려왔지만,
아직은 갈 길이 멀어 보입니다.

변화하는 욕구의 다양성을 따라
제품의 다양성이 이루어져 왔지만

우리는 선택되지 못하고
할인되고 사라지고

이렇게 간다면 우리는
목숨이 수백 개 있어도
생존하기가 어려울 듯합니다.

＊ 핸드립 커피

너무 외면을 당하다 보면, 비참함조차 느끼지 못할 때가 있다.

이미 헐값으로 할인이 되었는데도 시간이 오래되다 보니 할인되었다는 표시조차 할
수가 없어서 마치 정상 가격을 붙여 놓은 것 같이 되었다. 이렇게 '저렴해진 정상 가격'
이 존재할 수 있는 이유는 끝내 고객에게 선택되지 못했기 때문이다.

오늘이 지나면 다시 잊힐

나처럼
묵은 것을 꺼내 놓고
법석을 떠는 고객들을 보면
어이가 없습니다.

내가 어디에 있었는지조차
관심이 없던 고객들이

평상시에는 나를 음식으로
거들떠보지도 않던 고객들이
오늘은 왜 이리도 유난인지
알 수가 없습니다.

부산스러운 오늘이 지나고 나면
다시 잊힐 나는,
일 년에 한 번 겨우 기억되는
신세가 되었습니다.

오래된 것에서는 참맛이 묻어난다. 그것을 담을 콘텐츠가 필요하다.

묵혀 온 시간만큼이나 깊은 맛이 배어 있다. 그래서 잊지 못하는 것이다. 그 강렬한 옛
기억들을. 상품은 소비되지만, 감성은 회상되어 살아나는 것이다.

속이려는 의도가 없었는데도

내가 잘못 고지되는 경우가
의외로 빈번하게 일어납니다.

속이려는 의도가 전혀 없었는데도
시스템에 의해 통제되고 있는데도
그래도 여전히 오류가 발생합니다.

그렇지만 냉정히 살펴보면
여전히 사람에 의한 실수가 맞습니다.

조금만 주의를 기울이면 되는 일인데
그것이 그렇게 어렵습니다.
그래서 나는 오늘도 들켜 버렸고
다시 교체되는 수모를 겪었습니다.

고객들에게 편리함을 제공하기 위해
표현되었던 내가,
고객들을 기만하는 수단으로 오해되는
그런 참담함이
이제는 멈추었으면 좋겠습니다.

의도된 속임수만 잘못된 것은 아니다. 선의라 하더라도 책임은 피할 수가 없다.

의도되지 않았어도, 상대방을 속이게 되는 경우가 빈번하다. 그런 일이 자주 반복되다 보면, 설사 부주의로 인한 것이라 하더라도 고객은 그것을 실수라 여기지 않게 된다.

으깨지고 갈라지고

어쩌면 더 보호받아야 할 것은
나였는지도 모르겠습니다.

많은 상품이
자신의 독특함을 따라
제각기 다른 포장으로
적절히 보호되고 있습니다.

나같이 연약한 상품이,
이리저리 굴러다니면
으깨지고 갈라지고
어디 한 곳이라도
성한 곳이 남아 있을 리 없습니다.

나를 보호한다는 것이
겨우 파우치 팩으로는
어림도 없는 일입니다.

적절히 보호받지 못하는 나는,
여린 마음에 상처만 남긴 채
이렇게 갈라져 가고 있습니다.

안전관리인증
HACCP
반숙계란
장조림
장조림은 노른자까지 촉촉한 반숙계란으로
더욱 부드러운 맛을 느끼실 수 있습니다.
계란(국산)50 %

✲ 계란 장조림

관리 범위 밖에 있는 위험에도 책임은 따른다.

안전하게 생산 과정을 완료했지만, 유통 과정에서 망가지고 부서져서 상품에 손상을 입는 경우도 심심치 않게 발생한다. 누군가는 그러한 문제점을 바꾸어야 할 필요가 있다.

어쩌다가 이런 몰골로

내가 어쩌다 이런 몰골로
서 있게 됐는지
알 수가 없습니다.

무엇을 위한 것인지
알 새도 없이
나는 본래의 내 모습을
잃어버렸습니다.

나름 나를 구분한다고
정성을 들인 것 같기는 한데,
뱀의 그림에 발을 그려 넣듯
어색하기 이를 데 없습니다.

나의 본질은 심플함과
신속함과 효율에 있는데,
그 어디에서도
나의 본래 모습을
찾을 수가 없습니다.

＊ 카테고리 배송

때론 과도한 열정보다 현실적인 판단이 좋을 때도 있다.

"지나친 것은 모자람만 못하다." 라고 했는데, 현장에서는 실제로 이런 일들이 가끔 일어나고 있다.

아주 치명적인 문제

나의 달콤함은 혀를 녹이고 가슴을 적시며 모두를 사랑에 빠지게 만듭니다. 그렇기 때문에 수많은 사람이 나에게 쉽게 중독이 되어 버립니다.

그런 나에게 아주 치명적인 문제가 있습니다. 나는 스스로가 스스로를 보호할 수가 없습니다. 나의 달콤함은 차가움에서 나오는데 나는 냉동고를 벗어나서는 한시도 살아갈 수가 없기 때문입니다.

아무리 둘러봐도 나를 안전하게 보호해 줄 보호 수단이 없습니다. 다른 냉동 상품들이야 녹았다 다시 얼면 그뿐이지만, 나는 녹았다가 다시 얼면 이전의 모습을 상실하거나 이전만큼의 강도로 얼지 못합니다.

그래서 나는 일단 녹으면 원래의 맛으로 두 번 다시는 돌아갈 수가 없습니다. 그런 나를 가져다가 가족과 함께 달콤함을 나눈다는 것은 그림의 떡과 같이 안타까움만 일렁이는 일입니다.

내가 아무리 많은 고객을 유혹해도 그들이 내게 넘어오지 못하는 장벽을 겨우 10개에 4,980원 하는 하찮은 것들은 가뿐하게 넘어 버렸습니다. 그들은 원래부터 그렇게 견고한 철갑을 입고 팔려 나가고 있었습니다. 아무래도 나는 이렇게 외면을 받는 삶을 살아가야 하나 봅니다.

* 냉동 아이스크림

절대적일 것 같은 난관을 뛰어넘으면 위대해진다.

구매 후 이동과 보관이 어려워서 구매를 꺼리는 상품들이 있다. 이것을 극복할 수만 있다면, 이전보다 폭발적인 매출을 일으킬 수 있을 것이다. 그러나 현실에서는 매번 쉬운 길을 택하는 경우가 더 빈번하다. 처음에는 난관을 뛰어넘지 않는 것이지만, 나중에는 난관을 뛰어넘지 못하게 된다.

트렌디하고 위험한

한때는, 줄을 서도 먹어 보지 못할 만큼
광풍이 불던 때도 있었습니다.
마트마다 공급되는 수량도 적었지만
공급된 수량도 오픈 전부터 줄을 섰던
사람들에 의해 순식간에 사라졌습니다.
그때의 나의 인기란 상상을 뛰어넘었습니다.

기존의 감자 칩은 감자의 식감을
살리는데 모든 역량을 집중했지만
나는 맛에, 특히나 새롭고 독창적인 맛에
모험적인 도전을 했습니다.
그 참신함은 감자 칩 시장의 트렌드와
판도를 하루아침에 뒤집어 놓았고,
나를 따라 미투 상품들이 쏟아져 나왔습니다.

이제는 너무 많은 유사 상품으로 인해
나의 존재감이 무색해졌습니다.
디자인을 좀 바꾸고 맛과 품질을 다소 개선해 봐도,
예전의 인기를 되찾을 수는 없는 것 같습니다.
나는 그만큼 트렌디하고 위험하며
기호성이 강한 상품이기 때문입니다.

✳ 허니버터칩

과거 영광의 그림자에서 벗어나지 못한다면, 과거 그림자 속에 묻히게 될 것이다.

미련 없이 홀홀 털어 버리지 않는다면, 끊임없이 과거로 끌려 들어가 버릴 것이다.

10

보람과
자존감

상품을 찾아 떠나는 여행에서 **자존감이란**,
스스로의 규칙과 목적을 가지고 꾸준하게 추진해 나가는
자기만족의 마음의 상태이다.

자존감이 높을수록
어려운 일도 쉽게 해결해 가며 성과도 높아진다.

또한, **보람이란** 행위에 의해
과정이나 결과에서 나타나는 것에 대해
의미를 찾을 수 있는 만족한 마음의 상태를 말한다.

행위의 반대급부인 대가로 주어지는 것에 대한 의미를
찾을 수 있는 성취적 상태이다.

끝내는 우리의 가치를 찾았고

우리는 바닥에 납작 엎드려 비굴하게 살아가는 광어 같은 것들과는 다릅니다. 고고하게 유영하며 넓은 곳에서 살아가는 것이 참돔인 우리의 품격에 잘 어울립니다. 그런 우리가 이 좁디좁은 수족관에서 지내려 하니 답답함을 견딜 수가 없습니다. 우리는 이렇게 불결하고 격이 떨어지는 곳에서는 오래 살아갈 수가 없기 때문에, 하얀 배를 뒤집으며 항의도 해 봅니다. 최소한의 삶의 공간만이라도 넓혀 달라는 것이지요. 그런 우리를 어느 날, 동서남북 사방팔방으로 베더니 그것도 모자라서 뜨거운 물에 살갗을 데워 버립니다. 이런 참혹한 과정을 거친 후에 우리에게 붙여진 이름이 '프리미엄 참돔 회'랍니다. 아호도 지어 주었습니다. '마쓰까와'라고. '마쓰까와'는 소나무 껍질 같다는 의미인데, 우리처럼 부드러운 살결을 질투했기 때문인지 우리를 그토록 거칠게 다루었습니다. 우리가 그렇게 거칠게 변한 매력 때문인지, 그런 특이함 때문인지, 갑자기 사람들이 웅성거리며 난리가 났습니다. 지금까지 우리에게 이토록 열광하는 사람들을 본 적이 없습니다. 우리의 본질은 변함이 없는데도 말입니다. 그저 단순히 조금 겉치장만 바꿨을 뿐인데도 우리는 이미 식탁의 아이돌이 되어 버렸습니다.

음식마다 저마다의 '식감'이라는 것이 있습니다. 음식의 재료에 담긴 고유의 원료의 맛과 씹는 저작감, 눈으로 보는 음식의 비주얼에 사람들은 육체적 감각과 상상적 감각을 모두 최대치로 끌어올리게 됩니다. 우리는 그 작은 차이점에서 우리의 참모습을 찾아냈습니다. 우리를 보며 반짝이는 눈들, 우리를 보며 침 흘리는 입술들을 보면서 우리는 우리가 변화하길 참 잘했다는 생각이 듭니다. 끝내는 우리의 가치를 찾았고 사람들이 인정해 주었으니까요. 그래서 지금의 참돔인 내가 자랑스럽습니다.

✱ 참돔 회

결국은 이룰 것이다. 스스로에게 그렇게 다짐하고 실행할 수 있다면 말이다.

꾸준함의 끝에는 희망하는 결과가 준비되어 있다. 그렇기 때문에 스스로를 믿어야 한다.

처음부터 쌀이었다

내가 처음부터 쌀이었다는 것을
아는 사람은 별로 없습니다.

그도 그럴 것이
모양이 너무나 달라져 있기 때문입니다.

그렇지만 나는 분명히 쌀이었고
쌀의 본질도 그대로 가지고 있습니다.

나는 많은 쌀이 나처럼
스스로의 고집을 버리고,
완전한 변신을 통해 성장해 나가기를
진심으로 바라고 있습니다.

그 길을 내가 앞장서서
보여 주고 있을 뿐입니다.

그래서 지금의 모습은 시리얼이지만
여전히 쌀의 자부심을
가지고 있습니다.

TOP 10 우수쌀가공제품

글루텐 프리

씨알로'

우리쌀 프레이크

Simple
& healthy

8 가지 비타민, 철분, 아연

튀기지 않고 구워 만든
crispy rice flakes

열량	나트륨	탄수화물	당류	지방
115 kcal	120 mg	27 g	6 g	0.1 g
6%	8%	6%	0%	
트랜스지방	포화지방	콜레스테롤	단백질	
0 g		0 mg	2 g	
	0%	0%	3%	

HACCP

490g(1,880kcal)

* 우리쌀 프레이크

상품의 모습이 달라지면 고객에 대한 설득의 모습도 달라진다.

고객이 원하는 대로 상품의 모습을 바꿀 수 있을 때, 상품은 선택될 수 있다.

단 하루를 살더라도

단 하루를 살더라도
폼 나게 살다 가고 싶습니다.

어쩔 수 없이
내가 있는 것이 아니라

내가 있어야만 하기 때문에
존재하고 있는
내가 되고 싶습니다.

나로 인해 상품이 알려지고
나로 인해 사람들이 좋아합니다.

나는 이렇게
상품과 고객을 연결해 주는
결실의 중개자입니다.

＊ 상품 광고 우드락

상품의 특성을 잘 반영한 최적의 방법을 찾아 표현하려는 것, 그것에 답이 있다.

상품을 표현하는 방법은 정해져 있지 않다. 그때그때의 느낌대로 실행하면 된다. 만약
그것이 아니라면 다시 또 하면 되는 것이다. 마음에 들 때까지 하면 된다.

우상이 되는 일만 남았다

내가 이렇게 선물이 되어
돌아올 줄은
아무도 몰랐을 겁니다.

투박하고 촌스러운 모습으로
거리낌 없이 나를 잡던 손들이
오늘은 왠지 겸손해졌습니다.

황금 개띠로
화려한 변신에 성공한 나는,
이제 나를 아는 사람들에게
우상이 되는 일만 남았습니다.

상품의 생명이란, 콘텐츠를 선점하는 것이 가장 확실한 생존 방법이다.

먼저 실행해서 강렬한 심상을 남기는 것이 경쟁에서 가장 강력한 힘을 발휘하게 된다.

가장 강렬하고 독특하게

우리가 기둥을 둘러싸고 있는 이유는
기둥을 가리기 위한 것만은 아닙니다.

바로 우리 자신을 돋보이게 하고
우리를 가장 강렬하고, 독특하게
표현하려고 하는 것입니다.

우리는 우리만의 소울이 있습니다.

그저 흔하디흔한
평범한 곤돌라와는 다른
차별화된 나만의 모습이
기둥을 중심으로 펼쳐집니다.

나에게는 상품들의 빈 공간을 채워
풍요로움을 극대화하는 연출 능력이 있으며,

엄청나게 펼쳐져 있는
상품들의 경쟁에서도
고객들의 눈에 띄는 데 성공했습니다.

계속해서 꾸미는 것이 좋다. 결국은 주변과 더 잘 어울릴 수 있는 방법을 찾아내게
될 테니까.

조화를 이루려면 노력을 기울여야 한다. 더욱 완성된 모습이 될 수 있도록, 여러 가지
의 형태를 실험해 보면 알 수 있게 된다.

격렬하게 쓸고 간 묶음 판매

나의 화려함에 많은 사람이 반응합니다.
늦게라도 이렇게 나를 표현할 수 있어서
너무나 행복합니다.

칭다오, 아사히, 1664, 하이네켄 등등
수입 맥주의 춘추 전국 시대에서
나는 나를 표현할 수 있는 기회를
잡을 수가 없었습니다.

나는 이미 그들보다 더 잘 알려져 있었고
이미 더 저렴해져 있었으며 더 다양하고
독특한 맛을 품고 있었습니다.

여름 한철, 격렬하게 쓸고 간 4캔 묶음 판매는
그곳에 포함되어 있지 않았던 나를 생매장해 버렸습니다.

겨우 찾은 나의 위엄이
지금 진행되고 있는 계절의 변화로
또다시 시련을 겪을 것입니다.

그래도 나는 항상 이곳에 있을 것입니다.

＊ 수입 맥주 마튼즈

구매의 욕구를 자극하는 것은, 역시 비주얼이 결정적인 역할을 한다.

어떤 모습으로 연출되느냐가 고객들의 구매를 결정하기도 한다. 대부분의 경우 비주얼이 가장 확실하고 효과적인 수단이 된다.

존재감이 곧 가치가 됩니다

나를 우습게 여기는 고객이 너무 많습니다.
나를 살 때도 별다른 고민을 하지 않습니다.

살 것이냐? 말 것이냐?
겨우 두 가지 의견뿐이며
결정도 매우 신속합니다.

이렇게 무시를 받는 내가 사실은 엄청난 인기를
누리고 있다는 것은 정말 반전입니다.

매장에 있는 나의 몰골은 우스워 보이지만,
몇 팰릿씩 팔려 나가는 것은 시간문제입니다.

나의 진열된 모습에 시간을 곱하면
매출 금액이 나올 정도입니다.

나는 존재하고 있는 것만으로도
상당한 수익을 얻고 있습니다.

존재함이 곧 가치가 됩니다.
그게 바로 나입니다.

하찮음 속에 보물이 있을 수 있다. 그것을 볼 수 있는 안목이 필요할 뿐이다.

거부감도 없고 또 흔하다고 생각되는 것에서 의외의 커다란 성과가 창출되기도 한다.
고객이 경계심을 풀기 때문이다.

수많은 상품이 나를 통해

나 없이 상품이 빛날 수 있을까요?
그건 절대로 불가능한 일입니다.

수많은 상품이 나를 통해 가치를 발현합니다.

나는 그렇게 상품들을 표현해 주었고,
상품들은 나를 통해 고객들에게 선택되었습니다.

나는 조금만 손이 닿아도 금방 변신을 합니다.
미세한 차이까지도 표현이 됩니다.

그러다 보니 이곳에서 일하는 사람들은
나를 보고 늘 고민에 빠져 있습니다.

나는 변화에 매우 뛰어난 능력을 갖고 있습니다.
어떤 상품이건 그 상품의 캐릭터를 정확히 표현해 줄 수 있습니다.

상품들은 나를 통해 최상의 가치를 표현할 수 있습니다.

나 없이는 상품이 표현될 수 없습니다.
나는 상품 판매대입니다.

주연의 영광을 위해 조연의 존재가 약해질 필요는 없다. 그것은 시너지 효과가 더욱 극대화될 수 있기 때문이다.

본질만큼이나, 본질을 표현하는 주변의 환경은 중요하다. 이 모두가 하나로 결합되어 메시지를 내고 있기 때문이다.

정체성과 가치를 찾아가는

우리 하나하나에는
정성이라는 '얼'이 담겨 있습니다.

보편 속에 진리가 있다고 했듯이,
우리의 단순한 모습 속에
보이지 않는 정성들이 들어 있습니다.

그래서 우리가 남들과는 다른
대우를 받는 것입니다.

처음부터 좋았던 것이 아니라,
선별하고 자르고 만드는 과정에서
좋아지는 것입니다.

우리 같은 원료 상품은
손을 거치는 과정에서
정체성을 찾아가고
가치를 높여 가는 것입니다.

우리는 그런 과정에서
매번 새롭게 태어납니다.

섬세하고 감성적인 손끝이 머무는 곳에서 수익이 발생한다.

손끝의 부지런함이 성과를 바꿀 수 있다고 한다면, 근면 성실한 것만 한 자산도 드문 것이다.

존재하는 것으로 만족

노브랜드에서 우리가 얼마나
큰 비중을 차지하고 있는지 알면
깜짝 놀랄 것입니다.

어차피 우리야 필요한 고객이 관심을 갖는 거고
필요한 고객이 사 가는 것이지만
그래도 그렇지 이렇게 덩치가 큰데도
본 듯 못 본 듯 눈길조차 주지 않습니다.

우리는 극단적인 대우를 받습니다.
행여라도 우리가 없으면 화를 내며 우리를
찾아내라고 하는 고객들이 있는가 하면,
우리가 무엇에 쓰이는 물건인지도 모르는
얼떨떨한 얼굴도 있습니다.

필요한 고객에게만 필요하면 되지요.
우린 애초에 그렇게 특별하게 정의된
목적만을 위해 태어났습니다.

그래서 우리도 다른 고객들에게는 관심이 없습니다.
그냥 우리는 우리로 존재하는 것에 만족합니다.

* 노브랜드 사료

처음에는 가성비로 시작하지만, 결국 성공하기 위해서는 변하지 않는 신뢰가 중요하다.

신뢰는 고객과 상품을 강력하게 결속시키는 힘이 있다. 신뢰는 플라세보 효과를 내기 때문이다.

불끈불끈 근육질의 몸매

역시 한국은 예의를 아는 동방예의지국이 맞습니다. 이곳 고객들은 어떻게 알았는지 대왕 새우 초밥인 나에게 왕관까지 씌워 주면서 극진히 대우를 해 줍니다. 불끈불끈 근육질이었던 나의 몸매가 고향을 떠날 때는 납작하게 눌려 차곡차곡 쌓인 채 자존심마저 접고 처량하게 왔었는데, 여기에 와서 비로소 원래의 내 몸매를 되찾았습니다. 내가 냉동 새우였다는 것을 눈치채는 고객을 아직 보지 못했습니다.

내 단단한 단백질의 복근과 풍부한 육즙, 커다란 몸 때문에 기존의 새우는 설 자리가 없습니다. 새우 중의 새우, 대왕 새우의 위풍에 고객들도 깜빡 죽습니다. 어떻게든 나를 입 속에 한번 넣어 보겠다고 자리를 뜨지도 못하는 모습을 보면서 나의 고급스러움과 인기가 절로 실감이 납니다.

가격이 조금만 내려가도 미처 생산량이 따라가지 못할 정도로 팔려 나갑니다. 그러니 흔히 쓰이는 새우 나부랭이들과 동급으로 내가 저렴하게 팔려 나가는 것은, 나의 자존심이 허락하지 않습니다.

나는 대왕 새우 초밥이니까, 그에 대한 정당한 대우를 받고 싶습니다. 여러분이 나 같은 아르헨티나 자연산 대왕 새우를 어디서 만나 볼 수 있겠습니까? 간혹 나의 풍부한 단백질 때문에 느끼하다거나 거부감이 느껴진다고 하는 고객들이 있는데 고추냉이를 조금 강하게 해서 먹어 보면 그 느끼함이 사라지고 산뜻한 원재료의 맛을 그대로 즐길 수가 있게 됩니다.

밥은 굶어 본 사람이 잘 먹고 좋은 것은 먹어 본 사람이 잘 먹는다고 했는데 나를 비난하는 자, 어디에 속하는지 본인들이 더 잘 알 거라 믿습니다. 창피하지 않으려면 나를 꼭 경험하고 기억해 주세요. 나는 대왕 새우 초밥입니다.

핵심에 역량을 집중하면, 이전에 없었던 새로운 길이 열리게 마련이다.

집중하라. 없던 길이 만들어지고, 새로운 성과가 창출된다. 그러나 그것은 약속되어
있지 않다. 그래서 아무나 할 수 없는 일이다.

우리를 귀하게 만들어 주고

우리를 하찮게 보는 고객들이 많습니다.
그래서 그런지 고르지도 않고 대충 삽니다.

가격이 싸니까 조금 쓰다 버린다는 생각으로,
그래도 본전은 뽑을 수 있다는 생각으로,
그냥 삽니다.

그러다 보니 고객이 많으면 많을수록
우리는 대박이 납니다.

전혀 이성적이지도 않고, 필요에 의하지도 않고,
싸니까 일단 사 보는 묘한 심리가 작동합니다.

우리가 잘날 필요는 없습니다.
고객들은 우리를 그렇게 하찮게 구매해 주면서
우리를 귀하게 만들어 주고 있으니까요.

＊ 생활용품 균일가

가격이 낮은 상품도, 구매 빈도가 높아지면 대품이 된다.

처음부터 정의되어 있는 대품이란 없다. 많이 팔리고 보니 대품이 되어 있을 뿐이다.

그리운 어머니의 맛 양념 꼬막

　만약 조개구이라는 유형의 음식이 태어나지 않았더라면, 조개라는 것이 얼마나 볼품없고 존재감이 없는 것인지 모르겠습니다. 바지락은 칼국수에 둘러붙어 바지락 칼국수로 유명세를 치렀지만, 고객들은 칼국수만을 기억하고 있습니다. 전복은 그 고급스럽고 귀함 때문에 감히 '조개'라고 불리지는 않습니다. 그 밖에 조개들은 이름조차 제대로 아는 고객들이 없을 만큼 아니 더 정확하게는 그만큼 비중이 있어 본 적이 없습니다. 그나마 '꼬막'인 나는 가끔 잔칫상에 오르기도 해서 나를 보면 "아!" 하고 과거를 기억하는 고객들이 더러 있습니다. 그런데 날이 갈수록 나는 고객들에게서 잊혀 가고 있습니다.

　그 이유는 조리를 하는 과정이 너무 까탈스럽고 손이 많이 가기 때문인 것 같습니다. 꼬막이 먹기에는 좋지만 그 조리 과정 때문에 대부분의 고객은 꼬막 먹기를 포기하고 맙니다. 꼬막은 해감을 시킬 때 어두운 곳에서 세 시간 정도 담가 놓아야 불순물과 이물질이 제대로 빠집니다. 소금물을 만들어 줘야 하고 그리고 나서 꼬막끼리 박박 문질러 줘야 하고 씻은 물이 맑아질 때까지 헹구어 주어야 합니다.

　물이 팔팔 끓기 직전에 꼬막을 넣고, 한쪽으로만 저어 주어야 합니다. 그래야 살이 탱탱하고 쫄깃해집니다. 5~10분 정도 끓이다 보면 입이 벌어지는 꼬막들이 몇 개 생기는데 이때 건져 내야 합니다. 찬물에 한두 번 헹구어 이물질을 제거하고 물기를 빼기 위해 차반에 담아 둡니다. 그런데 그 전에 할 일이 또 있습니다. 바로 양념장을 만드는 것입니다. 양념장을 만드는 방법은 간장, 달래, 쪽파, 청고추, 홍고추, 설탕, 물엿(or 메이플 시럽), 깨소금, 통깨, 참기름, 들기름, 마늘, 후추 약간, 생강가루 약간 넣어서 양념장을 만든 후 물기를 뺀 꼬막 하나

하나에 정성스럽게 양념장을 올려야 합니다. 꼬막 요리는 그렇게 오랜 과정을 겪은 후에야 완성됩니다. 그제야 고객의 입에 들어갈 수가 있게 됩니다.

이 세상 모든 조개 중에 꼬막같이 어려운 조리의 과정을 거치는 조개가 어디 있겠습니까? 그래서 나는 잊혀 가나 봅니다. 그렇게 잊혀 가는 나를 끌어내어 패총을 만들 만큼 많이 팔아 주었습니다. 나를 다시 기억해 주게 한 것에 대하여 어찌 고맙지 않겠습니까? 꼬막이 꼬막으로 다시 태어나는 기분입니다.

✷ 꼬막 행사

정성을 지불한 대가가 클수록, 그 대상은 더욱 존귀해지기 마련이다.

어려운 것들은 외면해 가고, 쉬운 것들은 식상해져 가기 마련이다. 무언가에 의미를 갖고 노력한다는 것은 그만큼 값진 일이다. 노력 뒤의 대가는 달기 때문이다.

자연스러운 삶의 생채기

웃을 때, 말할 때, 볼이 살짝 들어가면서
매력을 발산하는 것을 보조개라고 부릅니다.

나 역시도 보조개 사과로 벌써 수년째
많은 사랑을 받고 있습니다.

그렇지만 내 보조개는 좀 다릅니다.
고객들의 보조개는 예쁘게 생겼지만,
나의 보조개는 온통 상처뿐입니다.

예측 불가하고 적응 불가한
자연환경 속에서 살아왔습니다.
모진 고난과 시련을 견디다 보니,
자연스럽게 삶에 생채기가 났습니다.

그런 나를, 그러나 결국 삶에 성공한 나를,
고객들은 기특하게 여겼는지 버리지 않고
상품으로 존중해 주었습니다.

끝내는 삶의 끈을 놓지 않은 나에게 찾아온 영광이
바로 보조개 사과라는 명성을 쌓게 했습니다.

농칠 수 없는! 이마트
추천상품
보조개사과6~13입/봉

6,980
20171012 ~ 20171018

* 보조개 사과

끝이라고 생각될 때, 그곳에서 다시 시작되는 것이 있다. 그것이 새로운 용도의 발견이다.

마지막은 그것이 끝을 의미하기도 하지만 새로운 차원의 시작이 될 수도 있다. 그렇게 하느냐, 하지 않느냐의 선택만이 있을 뿐이다.

사람들을 심쿵하게 했던

'별에서 온 그대'는 많은 사람들을 심쿵하게 했습니다. 그 미모의 여배우가 나를 입는 바람에 나는 세상에 알려졌습니다. '말을 타던 소녀'로 국민들을 심쿵하게 했던 여성 또한 나를 입는 바람에, 나는 그녀보다 더 유명세를 치렀습니다. 내가 얼마에 팔리건 사람들은 나에게 뜨거운 관심과 사랑을 보냈었습니다.

그런데 이제 내가 서 있는 곳은 백화점이나 전문점이 아닙니다. 대형 창고 같은 할인 매장입니다. 물론 내가 고객들에게 어떻게 접근되고 인식될지는, 사전 계획을 통해 전략이 서 있을 것이란 생각이 듭니다.

한 벌에 백만 원이 넘는 우리를 이렇게 세탁물처럼 쌓아 놓으면, 고객들의 이성적 판단이 흐려지고, 가격에 대한 저항도 줄어들 것이라 예상했기 때문일 것입니다. 실제로 그러한 예상은 수많은 고가의 상품에서 적중했고, 이곳에서는 기대 이상의 수익을 얻었습니다.

고객들을 설득하는 방법은 다양합니다. 진지하게 접근하는 방법과 착오를 일으키게 하는 방법, 판매 방법에는 선과 악이라는 감정이 없습니다. 기준이 있다면 오직 한 가지 '고객의 만족'입니다.

최적의 경로 비용을 통해 필요한 고객에게 필요한 상품을 공급하면 됩니다. 나는 처음부터 그런 모습으로 왔고 그 방법은 상당히 효과적입니다.

913920

NOBIS
SHE-RA여성다운자켓
XS,S,M, US SIZE

1,099,000원

반전에는 흥분의 매력이 있다. 거기에 상품을 운영하는 즐거움이 있다.

기대와 다르게 전개되는 상황에 고객들은 충격을 받기도 하고 흥분하기도 한다 .

11

유혹과
질투

상품을 찾아 떠나는 여행에서 **유혹이란**,
고객들의 마음을 흔들어 놓음으로써
고객들이 이성적으로 판단하지 못하도록 하는
의도된 마음의 상태이다.

유혹은 천천히 마약에 취하는 것과 같아서
일단 빠져들기 시작하면
헤어 나오는 시점을 알기가 어렵게 된다.

또한, **질투란** 남과 자신과의 비교를 통해
부족한 것을 느끼고 부러워하는 것에서 비롯되는
분노로 가득 차오르는 마음의 상태이다.

남과의 비교에서 시작되는 결핍의 크기와 강도는
'악'이라고 여겨졌던 행동들조차
기꺼이 실행하게 만드는 힘이 있다.

몸매는 예술적 완벽함을

와~우! 모두가 놀랐습니다.
나조차도 나의 모습에
반할 수밖에 없을 것 같습니다.

마치 신화 속에 나오는
나르키소스와 같이
자꾸만 자신의 아름다움에
빠져들고 있습니다.

기름에 잠깐
들어갔다 나왔을 뿐인데,
나의 몸매는
예술적 완벽함을 입었습니다.

내 안의 스파게티조차 부끄러워
볼을 붉히고 있습니다.

그릇으로의 사명과
맛으로의 헌신이
조화를 이룬 '완벽체'가
바로 나입니다.

때로는 아주 작은 것에도 한없이 마음이 끌릴 때가 있다.

실용적인 것과는 무관하게 마음을 움직이는 것들이 있다. 상품의 유혹이란, 원래 그렇게 시작되는 것이다.

생육보다 더 신선한

나를 한 번에 알아맞히는 고객이
거의 없습니다.
그만큼 내가 기존의 관념들을
뛰어넘었기 때문일 것입니다.

소고기인 듯 보이지만 돼지고기입니다.
돼지고기인 듯 보이지만
맛은 소고기보다 훨씬 더 맛이 있습니다.
그러니 나를 알아맞히지 못하는 것도
이해가 갑니다.

나를 매우 신선한 것으로 알고 있지만
사실 나는 냉동 상품입니다.
나는 냉동 상품이지만 생육보다도
훨씬 더 신선도와 품질이 뛰어납니다.

이쯤 되면 나에 대하여
경외심마저 들지 모르겠습니다.
그래서 고객은 나를 알지만
나를 모를 수밖에 없습니다.

＊ 이베리코 베요타

기대하지 않았던 의외의 맛은, 의외의 기쁨을 준다.

사육 환경이나 사료에 의해서 돼지고기도 소고기보다 더 우수한 육질로 탄생할 수 있다. 세상에는 상상을 뛰어넘는 상품들이 넘쳐 나고 있다.

비현실적인 몸매의 유혹

나의 비주얼은, 고객들의 가슴을
충동질하고도 남음이 있습니다.

나의 비현실적인 몸매는,
보는 고객들로 하여금
강한 욕망을 일으키게 합니다.

"나도 저 옷을 입으면 저렇게 보일까?" 하는
그 동경심이 결국 그 옷을 구매하게 만듭니다.

고객들은 나이를 먹어 갈수록, 배운 것이 많아질수록
이성적으로는 설득이 되지 않는 경향이 있습니다.

그런데 이렇게 단 한 번의 시선 강탈로
나는 고객들의 마음을 흔들어 놓습니다.
뇌리를 강타한 나의 모습은 쉽게 지워지지 않습니다.

현실적인 몸매가 어떻든 그 마음속에는 이미
나의 몸매가 자리 잡고 있기 때문입니다.
비주얼에는 말보다 강한 설득의 힘이 내재되어 있습니다.

* 데이즈 마네킹

상품의 시각적 유혹에는 강력한 흔들림이 있다.

어찌 흔들리지 않겠는가? 이토록 이상적인 모습으로 보인다면, 고객의 욕망을 더욱 강하게 끌어당길 것이다.

매번 섞이는 재료에 따라

아무거나 마구 넣어서 만드는 것이,
'나'라고 생각을 하는 고객이 아직도 많이 있습니다.

세계적으로 명성을 넓혀 가고 있는데도,
나에 대한 이런 무지함에 가슴이 아플 때도 있습니다.

나는 많은 고객의 사랑을 받고 있습니다.
나의 매력은 역시 조화에 있습니다.

재료끼리 서로 어우러지는 맛과 향과
저작감과 색깔은 오감을 만족시키기에 충분합니다.

비주얼과 자극적인 맛이 매번 섞이는
재료에 따라 다르게 나타나기 때문에,
나를 온전히 이해하기란 쉽지가 않습니다.

어떤 재료와도 어떤 고객과도
잘 어울리고 조화를 이룰 수 있는 것이,
고객들이 나를 좋아하는
가장 큰 이유이기도 합니다.

* 푸줏간 비빔밥

오랜 시간, 셀 수 없을 만큼 반복된 노력 끝에 명품이 나온다.

명품은 시도된 횟수를 알 수가 없다. 그것을 셀 시간까지도 모두 쏟아부었기 때문이다.

탐욕스러운 식욕으로 마주하고

색색이 빛나는 색깔은
자연스럽게 어우러져
고객들의 식욕을 돋워 줍니다.

나를 탐욕스러운 식욕으로
마주하는 고객들도 있지만,

나의 예술적 가치를 알아주는
고객들도 있습니다.

누군가에게는 식탐의 대상으로,
누군가에게는 감탄의 대상으로,

고객들을 자극하는 나는
타고난 마케터입니다.

✳ 제과점 샐러드

음식을 좋아하는 고객들에게 있어 식탐을 이겨 내기란 너무나 고통스러운 일이다.

고객에게 근본적으로 작용하는 식탐은, 생존을 위한 원초적 행위로 이성적으로는 제어하기 힘들다. 그것에는 충동성이 숨어 있다.

투명한 살갗의 맛과 향

멀쩡한 나를 말리고 말려서
만들어 낸 것이 지금의 모습입니다.

남들은 피가 마르고
살이 부서진다는
그 고통스러운 과정에서
오히려 나는
통통하게 살이 붙었습니다.

선명하고 투명한 살갗은
고객들을 유혹하고
단맛과 향은 오래도록 남아
여운을 남깁니다.

상품의 새로운 가치를 위해서는 새로운 용도로 태어나야 한다.

기존의 틀을 유지한 채 변화할 수는 없는 일이다. 어찌 됐든 물리적 변화는 불가피하다.

고랑의 흙냄새와 잎사귀의 감촉

나는 방금 올라왔습니다.

어떤 택배 시스템보다도 빠른
인편으로 함께 도착했습니다.

아직도 고랑의 흙냄새와
잎사귀의 감촉이
가시지 않았습니다.

깨물린 한 입에
퍼져 나는 단 향기는
나만의 매력입니다.

하트를 닮은 나는,
온몸이 사랑으로
가득 차 있습니다.

과일의 결실에는, 자연이 낳은 아름다움이 담겨 있다.

열매 하나하나에는 자연이 고스란히 담겨 있다. 과일들도 자신의 이야기를 담은 채로
깃들어 있다.

자극되는 눈은 보이는 그대로

나의 본질적 가치에
의미 있는 차이는 없을 겁니다.

그렇지만 고객들은 나를 더 귀하고
가치 있게 대우해 줍니다.

왜 그렇게 고객들이 성형에, 시술에, 수술에,
그 끔찍한 고통조차도 기꺼이 감수해 가면서
외모를 바꾸려 하는지 비로소 이해가 갑니다.

겉모습에 자극되는 눈은 보이는
그대로 욕망을 증폭시킵니다.

나의 절반의 맛은 이미 눈을 통해
소비해 버렸습니다.

그러니, 남은 반쪽의 충족을 위해
나를 선택할 수밖에 없지요.

그렇게 나의 구매는
완성되는 것인가 봅니다.

본질적 속성에서 차이가 미미하다면, 그것은 완전 경쟁 시장이다. 다름의 차이를 발견해야만 한다.

어찌 됐든 다른 상품과는 다르다는 그 차이점을 끌어낼 수 있다면, 확실한 차별화가 가능하다.

귀여움이 넘치는 내 모습

차마 나를
외면할 수가 없습니다.

귀여움 넘치는 내 모습은
먹기 위해서가 아니라,
소유하기 위해서라도
구매해야 하는
상품이 되었습니다.

본질 이외의 가치가
오히려 더 강력한 가치가
되어 버렸습니다.

예전에는 단지
맛이 있었으면 되었는데
지금은 그것만으로는 어림없습니다.

즐거움이라는 콘텐츠,
소울이라는 감성이,
원초적 욕망을
앞서가고 있습니다.

상품의 용도를 바꾸면, 다시 새로운 시장이 열린다.

먹는 것이 안되면 인형으로, 또 장식용으로 얼마든지 용도의 확장이 가능하다. 가능성
의 문에 노크하라.

알몸을 그대로 드러낸 채

알몸을 그대로 드러낸 채,
접시에 올라오는 일은

나에게도 낯부끄럽고
민망한 일입니다.

그런데도
이럴 수밖에 없는 이유는,
고객들의 뜨거운
열망 때문입니다.

나를 한 입 맛보겠다는 일념으로
줄을 서는 고객들을 보면
붉어졌던 내 얼굴도
안정을 찾아 갑니다.

촉촉함이 부드럽게
배어 나오는 나는,
별미 중의 별미입니다.

＊ 육회자매집

상품 역시, 온전함을 갖추는 것에는 평생의 시간이 걸린다.

명성이 하루아침에 쌓아지겠는가? 그런데도 많은 사람은 그렇게 알고 있다.
상품이 완전함을 유지하고 있기 때문에, 고객들로부터 인정을 받고 있다는 것을 알지
못한다.

사람들만은 나를 정확하게

나도 나의 정체성에
혼란을 겪고 있습니다.

빈대떡이라 불리지만
내가 떡이 아니라는 것은
분명한 사실입니다.

부침개라고 하기에는
너무 바삭바삭하고,

튀김이라고 하기에는
전의 느낌이 물씬 납니다.

나도 나를
정확히 알 수가 없는데

어떻게 된 일인지
고객들만은 정확하게
나를 알고 나를 찾고 있습니다.

✽ 순희네 빈대떡

상품이 독특한 자기만의 맛을 찾아가기란, 정말 쉽지 않은 일이다.

그런데 그런 일이 실제로 가능하다. 그렇게 되기 위해서는, 탁월한 노력이 필요한 것
이다.

소유욕은 구매욕을 일으키고

나를 갖기 위해 과자를 사는 것인지,
과자를 먹기 위해 나를 사는 것인지,
무엇이 주된 것인지 알 수가 없습니다.

과자보다 더 튀는 나는,
이런 혼돈의 시대에
점점 더 주인공으로
자리 잡아 가고 있습니다.

나에 대한 욕망은
과자를 부수적인 존재로 밀쳐 냈고,
모으면 모을 수록
더욱 커져 가는 소유욕은
강렬한 구매 욕구로 이어지고 있습니다.

알 수 없는 고객들의 욕구를
나는 잘도 찾아냈고
나는 새로운 과자 문화를
열어 가고 있습니다.

나는 과자 피규어의 결정판입니다.

무엇이든 충동을 일으키게 할 수 있으면, 상품으로 성공한 것이다.

무엇이 보조적인 것이고 주된 것인지 그것은 중요하지 않다. 이미 그것은 하나이기 때문이다.

육감적인 몸매

우골을 끓이고 또 끓이고 국물이 닳아 없어지도록
끓여 내서 나온 것이 바로 나입니다.

분명 설렁설렁 끓여서는 내가 나올 수 없는 것을
뻔히 알면서도, 고객들은 나를 설렁탕이라고 부릅니다.

아무리 생각해 봐도 나를 그렇게 부르는
이유를 알 수가 없습니다.

내가 물인 듯 보이지만,
내가 굳어지면 젤리처럼, 묵처럼
육감적인 몸매를 드러냅니다.

그렇지만 나는 고객들에게
그런 나의 몸을 자랑해 본 적이 없습니다.

나는 항상 겸손하게, 항상 부드럽게
모든 것을 수용할 수 있는 자세로 다가갑니다.

나의 진가를 알아주는 고객들에게
나는 보양식이며 즐거움입니다.

＊ 설렁탕

형체가 변화해도 본질은 변화하지 않는다.

본질이 변화하지 않는 한, 상품의 가치는 유지된다. 그래서 다양한 변화와 변신이 가
능한 것이다.

화려함이 이끄는 맛의 향연

화려함이 이끄는
맛의 향연은,
얼마나 먹어야 하는지에 대한
통제력을 상실하게 만듭니다.

허겁지겁
먹고 난 다음에 밀려오는
터질 듯한 포만감은,
달콤함에 정신이 팔렸던
대가인 것 같습니다.

그럼에도 불구하고
매번 반복되는 어리석음은
고객들의 식탐이라기보다는
차마 뿌리칠 수 없는
나의 매력 때문입니다.

caption* 쿠우쿠우 초밥

상품들의 다양함은, 더 강력한 유혹을 만들어 낸다.

다양할수록 보다 많은 욕구를 자극할 수 있다. 선택권이 넓어질수록 욕구도 넓어져 간다.

컬러가 주는 식감이란

음식에 있어
컬러가 주는 식감이란,
얼마나 자극적인 것인지
모르겠습니다.

늘 푸르거나 흰 것만 보다가
나처럼 붉은 배추를 보면,

고객들의 눈은
정신없이 나의 온몸을 훑습니다.

아삭아삭 부서지는 저작감과
컬러의 황홀함이,
음식에 대한 욕망을 극대화합니다.

기대하지 않았던 색다름만으로도, 욕구는 충분히 자극이 된다.

평상시에 경험해 보지 못한 것들에 자극의 힘이 있다. 컬러의 변화만으로도 충분히 만
족한 경험이 될 수 있기 때문이다.

밧줄처럼 꼬여 드는 몸

마치 밧줄처럼 꼬여 드는 몸이
고객들을 엮어 오듯,

고객들은 내 앞에만 서면
어쩔 줄을 모르고
온몸을 배배 꼽니다.

그도 그럴 것이
나를 사 가려는 경쟁이
너무나 치열합니다.

줄을 서 본 고객이라면
오늘처럼 나를 구매할 수 있다는 것이
얼마나 행복한 일인지 공감이 될 것입니다.

단순하고 별 볼 일 없을 것 같던 나도,
이렇게 엄청난 인기를 누리고 있습니다.

고객들의 욕구만 자극할 수 있다면,
콘텐츠만 제공할 수 있다면,
어떤 상품이건 나처럼 유명해질 수가 있습니다.

통 해 나 루 찹 쌀 꽈 배 기

＊ 해나루 꽈배기

단순함에서 차별성과 독특함을 창출해 낼 수 있다면, 명품이 될 수가 있다.

쉽게 이루어지는 일은 없다. 상처투성이 속에서 겨우 살아남다 보니, 얻어지는 영광일
수도 있다.

아름다움에 현혹되는 몸짓

반짝이는 찬란함만큼이나
심장도 요동치게 합니다.

나는 여인들의
눈을 멀게 하기도 하고
심장을 멈추게 하기도 합니다.

아름다움에 현혹되는
여인의 몸짓을
나는 알아챌 수 있습니다.

번개보다 빠르고
전류보다 짜릿하게
온몸을 자극하는
나의 현란함에

오늘도 여인들은 나를 둘러
쌀 수밖에 없습니다.

보석의 현란한 빛에는 상쾌한 매력이 있다.

찬란한 빛들의 현란함은 유혹의 결정체이다. 그러한 유혹에 누가 견딜 수 있겠는가?

달콤함이 마비시키는 감각

나의 달콤함에 고객들의 감각은
마비될 지경입니다.

알록달록 컬러들은
눈을 사로잡고
새콤달콤 서로 다른 맛은
혀를 녹였습니다.

나의 단맛이 주는
행복감과 편안함은
삶에 지친 고객들에게
큰 위로를 줍니다.

고객들이 나에게 애정을 갖는 이유는,
내 속에 휴식이 있기 때문입니다.

내가 녹아들 때
고객들은 안도감을 느끼고
나의 여운 속에
고객들은 행복한 웃음을 짓습니다.

스위스 청포도 마카롱
990 원

스위스 딸기 마카롱
990 원

스위스 초코 마카롱
990 원

...섭 마카롱
990 원
가루(미국산)

단맛은 이성적인 자제력을 풀어 헤친다.

고객들은 만족하는 순간, 관대해지는 경향이 있다. 그래서 달콤함에는, 이성을 마비시키는 힘이 내재되어 있다.

재료가 협력해서 낼 수 있는 맛

감자탕이라고 불리면서도
정작 감자는 별로 없습니다.
감자보다는 뼈다귀가
더 귀한 대접을 받습니다.

살을 다 발라낸 뒤, 뼈다귀에 남아 있는
그 살점이 주는 맛은 일품입니다.
그렇지만 살점만 많아서는 금방 질려 버립니다.

많이 먹어도, 자주 먹어도, 물리지 않는 맛은,
역시 융복합된 재료에 있습니다.
우거지와 묵은지, 감자와 뼈다귀가 알맞은 비율로
배합되어 독특한 맛을 느끼게 해 줍니다.

잘난 뼈다귀를 뒤로 하고
굳이 감자를 내세우는 이유는,
재료들이 협력해서 낼 수 있는
맛 때문입니다.

아마도 내일이면 내가 또 생각날 겁니다.
나의 진정한 맛은 조화에 있습니다.

평범한 상품이라도, 꾸준한 노력을 통해 성공하는 상품을 만들어 낼 수가 있다.

노력은 천재도 이긴다고 했듯이, 꾸준함만큼 강력한 성공 수단은 없다.

음식을 만드는 즐거움

지금은 많은 고객이
셰프에 대한 꿈을 꾸는 것 같습니다.

직업으로서가 아니라,
자신과 자신의 지인들을 위해
음식을 만드는 즐거움에 빠져듭니다.

그런 고객들을 위해 내가 나왔습니다.
모든 것이 준비되어 있지만,
결합을 미룬 채로 누군가를 기다립니다.

그 누군가는 나를 사서
자신의 입맛에 맞게
나를 요리할 것입니다.

그 마지막 환희를 위해
나는 미완의 상태로
판매가 되는 것입니다.

누구나 만족시킬 수 있는 레시피 확장이
나의 가장 큰 매력입니다.

✱ 내가 만들어 먹는 초밥

모든 조건이 완벽하다 해도, 그 상품의 세상이 열리지 않을 수도 있다.

매력이 있는 상품이 있다. 모든 면에서 매력이 있다. 그러나 확장성을 갖는다는 것은,
별개의 또 다른 일이다.

다짜고짜 침을 흘리는

다짜고짜 침을 흘리는 고객들을 보면,
나는 지금 도대체 뭘 하고 있는 건가
하는 생각이 듭니다.

이놈의 인기는
시간이 흘러도 더해만 갑니다.
입에서 사르르 녹는 부드러움에
중독이 되고 나면,
고객들은 헤어 나오지를 못합니다.

나는 노르웨이의 청정 지역에서
고객들의 입맛에
가장 알맞게 자라났습니다.
그래서 고객들은
나를 쉽게 잊지 못합니다.
나는 맛의 연금술사입니다.

가장 기호성이 높은 상품이, 가장 성공 확률이 높은 상품이 된다.

대중성을 확보한다는 것은, 성공을 위해 반드시 필요한 일이다. 그럼에도 불구하고, 모두를 만족시키려 하는 것은 무모한 일이다. 그것은 개성 없는 상품이 되기 쉽기 때문이다.

매력덩어리의 별미

성질 급한 고객들은
나를 제대로 먹지 못합니다.
나의 살을 꺼내다가 화를 내거나
살을 반 토막을 내기도 하고
맛이 있다 없다 말이 많습니다.

그렇지만 제대로 즐기는 고객들에게
나는 매력덩어리이며 '맛있는 별미'입니다.

나처럼 정직하고 성실하게 살아온 고둥도 드문데,
고객들은 나를 보고 왜 삐뚤고둥이라고
부르는지 알 수가 없습니다.

고객들이 나를 보는 마음이
그렇지 않나 싶습니다.
나는 맛있는 식감도 주고
바닷소리도 들려주고
감상할 수 있는 비주얼도 줍니다.

누구나 한 번쯤은
나의 매력에 빠져 볼 만합니다.

✳ 고둥

평범했던 상품이라도, 어느 날 갑자기 존재감이 생길 수 있고 대품이 될 수도 있다.

희망을 가져라. 어느 날이고 반드시, 존재감을 드러낼 수 있는 날은 온다. 우리의 날은
온다.

11 유혹과 질투   397

화려한 자극만큼이나

화려한 자극만큼이나
강렬한 달콤함이 있습니다.

아이들은 나의 유혹에
몸과 마음이 마비될 지경입니다.

엄마가 기겁을 하는 크기만큼,
아이들의 만족도는 커집니다.
엄마들은 비켜 가고
아이들은 달려듭니다.

나의 존재 기반은
충동성에 있습니다.
수많은 고객이
홀리듯이 나에게로 왔고,

이성이 흐려질수록
나는 더욱 매력적으로 변합니다.
나는 '욕망의 사냥꾼'입니다.

＊ 롤리폴리

상품의 자극적이고 화려한 비주얼은, 이성을 압도한다.

충동성에 흔들릴 수밖에 없는 것이 마음이다. 마음이란, 흔드는 대로 흔들리기 때문이다.

누구를 유혹하게 될지

우리가 어떤 모습으로 나타나게 될지
사실 우리도 가슴이 뛰었습니다.

기본적 가치에서는
그다지 차이가 날 것이 없는데도,
유독 감성적 가치에서는
극단적인 선호도의 차이를 보입니다.

그 차이가 전혀 차원이 다른 만족감을 줍니다.

그러다 보니
이렇게 올리브영까지 오게 된 것 같습니다.

내일은 또 어디서 어떤 모습으로
누구를 유혹하게 될지 벌써부터 기대가 됩니다.

과자보다는, 과자가 담고 있는 콘텐츠를 즐기는 시대가 됐다.

과자 본래의 맛보다, 그 과자에 누구를 담고 있느냐가 더 중요한 의사 결정의 기준이
되기도 한다.

더 강렬한 미의 집착

나는 질투의 화신입니다.
향기롭고 단맛은, 여성들의 마음을 녹이고
피부를 젊게 젊게 만들어 갑니다.

많은 여성이 나를 먹고 미인이 되었건만,
나의 고마움을 금새 잊어버렸습니다.

그래서 나는 여성들의 마음속에
질투를 남겨 두었습니다.

여성들은 예뻐지면 예뻐질수록,
더욱 더 강렬하게 미에 집착하게 되고
질투와 시기심을 일으키게 되는데,

이것은 나를 잊은 대가로
내가 주는 벌입니다.

이제 Envy로 인해,
여성들은 더욱더 나에게
집착하게 될 것입니다.

질투를 일으켜도 성공할 수 있다.

그것은 겉뿐만 아니라, 속까지 품질을 높여야 가능한 일이다.

그들이 보고 싶어 하는 자화상

너무 지나치게 표현되면
거만하다고 하고,
적당하게 표현되면
자존감이 높다고 합니다.

나는 굳이
나를 강조하지 않는데도,
고객마다 각기
다른 이야기를 합니다.

결국 나는 고객의 마음을
비추고 있는가 봅니다.

나에게 덧씌워진 이미지는
본래의 내가 아니라,
그들이 보고 싶어 하는
그들의 자화상일 뿐입니다.

판매하고자 하는 표현은, 구매를 이끈다.

잠재되어 있는 욕구를 현실에서 구현해 줌으로써, 구매를 충동질할 수 있다.

모든 생명의 행복한 삶을 위해

"이럴 줄 알았으면
차라리 강아지나 고양이로 태어날 걸."
이라는 말이 절로 나올 겁니다.

정갈함과 품위가 배어 있는
이 많은 음식을,
고객의 것과 구분할 수 있을까 하는
존경심마저 듭니다.

고객들의 반려동물에 대한
애정과 정성이
새로운 세상을 열었습니다.

생명이 있는 모든 것이
소중하고 존중받아야 합니다.

그 모든 생명의 행복한 삶을 위해
내가 존재하고 있습니다.

무엇을 생각하든 생각하는 대로 일은 이루어진다.

지금의 세상에서는, 원하는 모든 것이 가능하다. 그러니 원해야 한다. 그것도 아주 간
절히 원해야 한다.

이렇게 고급스러운 모습으로

흙과 함께 뒹굴고
흙과 함께 팔려 나가던 내가,
이렇게 고급스러운 모습으로
앉아 있게 될 줄은 몰랐습니다.

내가 물에 닿으면
큰일나는 줄 알았고,
나를 물로 씻어 내면
몸에 난 상처들 때문에

제값을 받을 수 없다고
생각한 사람들은,
나를 평생 단 한 번도 목욕을
시켜 본 일이 없었습니다.

그런데 이렇게 치유 기술도 발달하고
살기 좋은 세상이 오니
우리 같은 고구마도 살맛이 납니다.

덕분에 우리는 구황 식물에서
요리로 격이 높아졌습니다.

상품의 품질을 높이려는 끊임없는 노력은, 불가능을 가능으로 바꾸어 버린다.

그것이 이루어지는 것은 너무나 당연한 일이다. 그 일이 이루어질 때까지, 멈추지 않을 것이기 때문이다.

품질의 정점에 있는 나

이렇게 청순한 나를,
여러분은 본 적이 있나요?

모든 조건을 완벽하게 갖춘 나를,
보는 것이 쉬운 일은 아닙니다.

예전에는 흙이 잔뜩 묻어 있어야
신선하다고 생각했습니다.

밭에서 갓 뽑아 온 신선한 느낌!
그것이 오랜 시간 나를 거지 같은
모습으로 살게 했습니다.

어차피 버릴 겉껍질을 제거하고
뿌리도 절단하고 잎도 다듬고 세척까지
유기농으로 격도 높이고
콜드 체인으로 판매되는 나는
거의 완벽에 가깝습니다.

앞으로 품종을 개량하지 않는 한,
나는 현재 품질의 정점에 있습니다.

* 유기농 깐 대파

상품의 본질적인 특성이, 가장 강력한 강점이 될 수가 있다.

원초적 특성의 아름다움을 꺼내라. 상품에 있는 것 자체가 가장 강력한 강점이다.

가장 고귀하며 가장 선망의 대상이 되고

나를 한눈에 알아보는 고객은,
나를 경험해 본 고객입니다.
나는 그들을 위해 존재합니다.

이름이 알려 주는 관념적인 맛이 아닌,
본래적인 맛을 감별할 수 있는 고객에게는
내가 큰 선물이자 행복이 될 수 있습니다.

덕분에 나는 가장 비싸고
가장 고귀하며
가장 선망의 대상이 되고 있습니다.

무수히 많은 고객의 원성의 대상이면서,
무수히 많은 고객의 간절한 대상입니다.
나는 한우입니다.

익숙함으로 인한 동질성만큼 호감이 가는 경우도 없다.

왜 한우인가? 우리 고객과 가장 잘 맞는 맛이 존재하기 때문이다. 그 관념을 잡아야 한다.

12

슬픔과
서러움

상품을 찾아 떠나는 여행에서 **슬픔이란**,
마음이 온통 상처로 젖어 들도록
주저앉는 마음의 상태를 말한다.

이런 때에는 아무런 행동도 할 수 없으며
사고의 범위도 극히 제한적이다.

무엇인가를 할 수 있는 에너지도 고갈되며
무위의 상태,
즉 아무것도 할 수 없는 무기력한 상태가 된다.

또한, **서러움이란** 섭섭함이 한없이 밀려와서
가슴을 온통 채우고 있는 상태로

상대방에 대한 원망과 자신에 대한 실망으로
괴로운 마음의 상태를 말한다.

종일토록 오지 않았습니다

모두가 쉬고 있는 일요일 오후에도 불구하고
나는 아침부터 온종일
누군가를 기다리고 있었습니다.

그러나 고객들의 눈길도 발길도
나를 향하지는 않았습니다.

금방이라도 밖으로 뛰쳐나갈 듯한 나의 손을,
잡아 주는 고객은 없었습니다.

나도 봄바람을 타고
봄의 꽃향기를 맡으며
따사로운 햇살에 볼을 비비고 싶은데
이렇게 움직임조차 없는
적막한 공간에 홀로 남겨졌습니다.

내 속에 봄은 가득 차 오는데
나는 움직일 수가 없습니다.
종일토록 기다렸던 그 고객이
오지 않은 까닭입니다.

✳ ab.plus 마네킹

견뎌야 할 때가 있다. 정말 힘들다는 것이 무엇인지 알기 위해서라도, 인내하는 시간은 필요하다.

겨우 이겨 낸 시련이 무색할 정도로, 또다시 힘든 일들이 닥쳐오는 경우가 빈번하다. 그래도 견뎌 내다 보면, 그 모든 시간이 남다른 추억으로 남게 된다. 영업이란 끈기 있게 견뎌 내는 힘이다.

그저 살아남기 위해

살아남기 위해 벌이는 치열한 경쟁은
비단 고객들만의 일은 아닙니다.

우리 같은 책도 일정 시간 전시된 후
판매량이 없으면 그 자리에서 바로 퇴출됩니다.
일단 퇴출되고 나면 다시 살아나기란
기적과도 같은 일이 됩니다.

마치 프로듀스101에서의 소녀들처럼
나 역시 1등을 목적으로 하는 것은 아닙니다.
어떻게든 살아남기 위해 101명에
포함되는 것이 소녀들의 목적이 되었듯이
우리도 베스트셀러가 되는 것이
목적은 아닙니다.

그저 살아남기 위해 진열대에
존재하는 것이 목적이 됩니다.

크게 바라지 않고 그저 존재만 하겠다는 것도
너무나 벅찬 꿈이 되어 버린 현실이,
너무나 가슴 아픕니다.

상품에게 가장 큰 소망은, 여전히 진열대에 존재하고 있는 것이다.

아무것도 아닌 평범함이, 얼마나 많은 노력 끝에 얻어지는 행복인지 잘 모르고 있다.
그것을 모르기 때문에 행복할 수가 없는 것이다.

버려진 듯 웅크리고

나는 밤새 안녕하지 못했습니다.
어제저녁 이후 줄곧 이곳에서
나는 주인을 기다리고 있었습니다.

3시간 안에 뻔히 올 줄 알면서도
나를 잊은 건지,
내가 중요하지 않았던 건지,
나에 대한 관심이 없습니다.

덕분에 나는 대문 밖에서
한겨울 밤의 추위를
온몸으로 맞으며
버텨야 했습니다.

화려했던 매장을 뒤로하고
이런 음습한 곳에 내가 있습니다.

나의 주인은,
버려진 듯 웅크리고 있는 내가
여전히 보이지 않는가 봅니다.

WELCOME BAG

안녕히
다녀오셨어요?

emart mall
www.emart.com

* SSG 온라인 몰 배송

상품을 배려하는 아주 작은 일에도, 정말 소중한 가치가 숨어 있다.

쉽게 무시되는 많은 일이, 누군가에게는 매우 의미 있고 소중한 일이 될 수 있다는 것
을 잊어버리면 안 된다.

결코 그것을 허용치 않습니다

나를 표현하는 것이 너무나 어렵습니다.
나를 떳떳이 표현하고 싶지만
선입견으로 똘똘 뭉쳐진 고정 관념은
결코 그것을 허용치 않습니다.

유독 국산이라는 두 글자가
자리 잡고 있는 식재료 분야에서는
외국산을 쉽게 용인해 주지 않습니다.

외식 분야에서의 식재료는
이미 대부분이 외국산이고
별다른 저항도 없습니다.

그런데 우리가 상품의 옷만
걸치고 나오면,
유독 매서운 눈초리를
맞아야 합니다.

이제 애매한 표현 뒤에 숨지 않고,
당당하게 나를 나타내고 싶습니다.

고객의 고정 관념에 대한 도전은, 합리적인 접근만으로는 불가능한 일인지도 모른다.

세상의 많은 일에 있어서, 합리적이거나 이성적인 방법으로는 해결되지 않는 경우가 무수히 존재한다.

하루살이처럼 살다 가는

정말 한시적으로 반짝 나타나서
하루살이처럼 살다 가는
내가 있습니다.

고객들은 명절 분위기에 들떠서
내가 나인 줄도 모르고
그냥 집어 가기 일쑤입니다.

그러다 보니 내가 기억될 리 없고,
그런 나는 자연스럽게 사라져 버립니다.

이렇게 짧게 살다 가는 나는,
분위기를 띄우는 불꽃입니다.

＊ 추석 도넛

짧고 강렬한 것은, 딱 그때뿐이다. 그러니 미련을 남길 필요는 없다.

짧은 시간에 집중해야 한다. 그 시간이 지나면, 존재하는 것 자체가 무의미해지기 때문이다.

12 슬픔과 서러움   425

한 번 감싸 주지도 못한 채

누군가에게는 꼭 필요했을 내가,
이렇게 시한부의 삶을 보내고 있습니다.

상상이 디자인이 되고 재단이 되어
정교한 라인까지 살려 냈습니다.

천리마조차 주인을 만나지 못하면
그저 평범한 말로 생을 마친다 했는데,

누군가를 포근하게 한 번
감싸 주지도 못한 나는,
이렇게 사라져야만 하나 봅니다.

상품의 쓸모 있음이란, 참으로 어려운 일이다.

당연할 것 같은 일도, 이루어지지 않고 어긋나기가 쉽다. 고객의 욕구에 소구한다는
것은 생각보다 쉽지 않은 일이다.

늘 그랬듯이 필요할 때만

한여름 철에나 볼 수 있었던 나를,
이렇게 손이 시린 날에도 보게 되어
당황했을 수도 있을 것 같습니다.

그렇지만 사실 나는
늘 존재하고 있었습니다.

고객들이 자신들의 편의대로
나를 지웠다 기억했다 할 뿐입니다.

이렇게 정성을 들인 나의 비주얼은,
내 속을 보고 나면 더 감탄스럽습니다.

이런 나를 잊어버리고
어떻게 살아가는지
나는 이해할 수가 없습니다.

나는 항상 고객들 곁에 있는데,
고객들은 늘 그랬듯이
필요할 때만 나를 기억합니다.

상품에 대한 대접이 달라지는 것은, 고객의 필요에 의함이다.

동일한 상품이라 하더라도, 언제나 같은 가치를 유지하고 있는 것은 아니다. 모든 것
은 그때그때의 필요에 의해 가치가 달라지기 때문이다.

남이 나와 같지 않아

이렇게 모든 걸 내걸고
나섰습니다.

나를 걸고
다른 고객들을 위한다는 것이
생각만큼 쉽지는 않습니다.

아무리 모든 것을 다 주려 해도
남이 나와 같지는 않습니다.

그래서 겉으로 화려해 보이는
나의 모습과는 달리,
가슴속에는 섭섭한 마음만이
일렁이고 있습니다.

진실한 표현이 굴절되어 보이는 이유는, 살아오면서 축적된 경험 때문이다.

험난한 삶의 과정에서 진실이란, 온전한 모습을 유지하기가 어렵기 때문에 변형될 수
가 있다.

혼자서는 나눌 상대가

혼자 먹는 밥이
맛이 있을 리가 없습니다.

먹는 것은 즐거움을 나누는 일인데,
혼자 먹는 고객들이 늘어납니다.

어쩜 홀가분하게 혼자 먹는 것이
더 나을지도 모르겠습니다.

그래서 이렇게 혼자 먹는 고객들을 위해
혼밥이라는 이름을 붙여 나를 만들어 놨습니다.

그러나 혼밥은 외롭습니다.
혼자서는 나눌 상대가 없기 때문입니다.

그런데도 나는 갈수록 늘어나고,
또 자연스러워질 것 같습니다.

시대의 흐름이
자꾸 나를 요구하고 있습니다.

혼자도 익숙해지고 나면 자유롭다.

적응은 무엇이든 안정감을 느끼게 한다. 적응에는 가치가 적용되기 어렵기 때문이다.

그토록 쉽게 지워 버릴

어렴풋이나마 나를 기억하시나요?
나는 한때 음료의 대명사였습니다.
나는 아이들이 소풍을 갈 때나
어른들이 소화가 잘 안될 때
나는 항상 그들 곁에 있었고,
그런 나를 고객들은 무척 아꼈습니다.

그런데 어느 날, 탄산음료라는 낙인이 찍히더니
나는 고객들로부터 배척당하기 시작했습니다.
나를 대신해서 나타난 것이 과즙 음료,
기능성 음료, 이온 음료 들이었습니다.

그토록 오랜 시간의 정을 그토록 쉽게
지워 버릴 수 있는 고객들이 미웠습니다.

무더운 여름 탄산수와 나를 섞어서
얼음 동동 띄워 마셔 보세요.
얼마나 시원한지 표현조차 할 수 없습니다.

모든 상품은 그 쓰임이 있음에도 불구하고,
고객들의 기억은 늘 망각되어 가고 있습니다.

4,880

* 사이다

유명한 상품이라고 해서, 영원히 변하지 않는 것은 아니다.

오히려 변해야 영원할 수가 있다. 그래야 도태되어 사라지는 비극을 피할 수 있기 때문
이다.

이렇게 손바닥 뒤집듯

한때는 나를 확보하지 못해
그렇게 애를 태우더니,

이제는 이렇게 헐값에
나를 처분하고 있습니다.

이렇게 손바닥 뒤집듯
나를 대하는 이유가,

내가 너무나
시즌성이 강한 상품이기 때문에
그럴 것이라 생각합니다만,

그래도 그렇지 어떻게 나를
이렇게 대할 수가 있습니까?

나에게도 관심과 애정이 필요합니다.

✽ 시즌 아웃이 된 아이스박스

때의 필요에 따라서, 상품의 용도적인 가치와는 다른 가치가 적용되기도 한다.

상품은 변함이 없지만, 달라지는 욕구에 따라 거래 가격은 달라질 수밖에 없다. 이것은 누가 더 필요에 압박을 받고 있느냐에 따라 결정될 것이다.

적나라하게 치부를 드러내야

가장 최적화된 편안한 매장을 내팽개치고,
이렇게 좌판을 펼친 것은
고객들의 선입견 때문에 그렇습니다.

아무리 저렴하게 가격을 내려도
기존의 매장에서는 효과가 떨어집니다.

이렇게 적나라하게 치부를 드러내야
비로소 반응을 합니다.

기존의 형태가 망가져야만
관심을 가져 주는 고객들이 야속합니다.

때론 어수룩하게 헝클어진 상품의 소구력이 더 클 수도 있다.

동일한 상품도, 저렴한 연출이 필요할 때와 고급스런 연출이 필요할 때가 있다. 그때
를 아는 것이 중요하다.

엄두가 나지 않는 시대

이전에는 가벼운 발걸음으로
운동화와 티셔츠 차림만으로도
산을 즐겁게 오르내렸습니다.

맑은 공기와 따스한 햇살은
그 누구도 차별 없이 맞이했습니다.

그런데 이제는 나처럼 중무장한 차림으로
산에 오르내려야 합니다.

무장을 하지 않거나 장비 없이 산에 오르면
왠지 낯선 이방인 취급을 받거나
잠재적 범죄자 취급을 받기도 합니다.

언제부터 이렇게
무장한 고객들만의 산이 되었는지
모르겠습니다.

이제 나 없이 산에 오른다는 것은
엄두가 나지 않는 시대가 되었습니다.

* 등산복

상품의 겉모양에 압도당하고 나면, 상품의 본질을 알 수가 없게 된다.

위압적 자극은 이성을 흐리게 하고 마음을 위축시킨다. 본질에 집중하라. 모든 것은
극복 가능한 일이다.

새로움에 팔랑거리는 마음

우리 같은 하찮은 생활 가전 용품이
원시적인 기계의 모습을 벗고
이렇게 감성적으로 변화된 것은
역시 고객들의 탓이 큽니다.

수분만 잘 공급하면 되는 아주 단순한 우리를
이렇게 복잡하게 만들어 놨습니다.

고객과 친한 모습으로 있지 않으면
우리는 선택되기 어렵기 때문에
고객들이 좋아하는 모습으로
매년 다른 모습으로 바꾸어 나타나야 합니다.

긴긴 겨울을 함께 보냈던 정을 생각한다면
그렇게 쉽게 우리를 버리지 못할 텐데,
고객들의 간사한 눈은 새로운 것에
너무나 쉽게 끌려 버립니다.

우리의 짧은 수명과 빠른 모델의 변화는
새로움에 팔랑거리는 고객들의 마음 때문입니다.

상품이 고객의 감성을 흔들 수 없다면, 그것은 좋은 상품은 아니다.

흔들어야 한다. 마음을 온전하게 흔들어 댈 수 있어야, 매력적인 상품이 될 수 있다.

빈 껍질의 초라함으로

여름을 뜨겁게 담아낸 나는,
가을로 익어 가는 들판 한가운데 섰습니다.
차갑게 짓누르는 추위는 겨울을 향해
빠르게 내달리며 나를 바짝 말려 놨습니다.

쌀알들을 한가득 쏟아 내고 빈 껍질의 초라함으로 남은 나는,
다시 또 누군가의 식량이 되고 용품이 되고 보호재가 될 것입니다.

마지막 한 줌의 숨까지 토해 내듯 모든 것을 주었는데도,
여전히 내가 쓸모 있다는 것이 나를 너무나 행복하게 합니다.

내 생의 긴긴 과정에서 단 한 가지도
버릴 것이 없었던 나의 삶은,
오로지 다른 생명을 위한 준비 과정이었습니다.

나의 생은 다른 생명으로 이어질 것입니다.
이렇게 숭고한 사명을 무사히
마친 것에 대해 감사할 뿐입니다.

이제 황량해진 들판은 나와 함께
긴 겨울잠에 빠져들 것입니다.

✳ 마시멜로(논의 볏짚)

고집하던 욕망을 내려놓으면, 그동안 놓치고 있던 존재의 가치가 발견된다.

자신을 중심으로 세상이 돌아가지 않고 있음을 깨닫는 데 너무나 오랜 시간이 걸린다.
진작 알았더라면, 상처로 남지 않았을 시간들이었는데 지금에 와서 되돌릴 수는 없는
일이다.

이제 나도 들을 수 있는 시대

이제 나도, 읽는 것이 아닌
들을 수 있는 시대가 되었나 봅니다.

너무나 빨리 변화하는 생활 환경에
고객들은 적응하기가 벅차 보입니다.

눈이 침침하던 고객들에게는
더없이 행복한 소식이 될 것이고,
책 읽기를 귀찮아하던 고객들에게도
편리함을 더해 줄 것 같습니다.

그렇지만 한편으로는 왠지 허전하고
섭섭한 마음도 생깁니다.

늘 종이 위에 놓인 글자를 읽으며
상상하던 일들을
이제 들으면서 상상한다는 것이
뭔가를 잃어버린 듯한 느낌을 줍니다.

편리해지는 그만큼
사라지는 것도 있는 것 같습니다.

audien
책, 즐겁게 듣자!

audien 책의 즐거운 진화! 그 매력에 빠지다!
책, 즐겁게 듣자!

차 안에서 만나는 명강
유익한 지식 나눔

* 듣는 책
_____

형상화할 수 있는 힘이 사고의 힘이다. 그를 통하여 신상품이 탄생된다.

읽으면서 생각하는 시대에서, 들으면서 생각하는 시대로 세상은 변화했다. 편해지면
편해질수록 상상하는 능력도 활성화될 것이다.

13

위로와
배려

상품을 찾아 떠나는 여행에서 배려란,
자신의 이익이나 지위를 스스로 낮추고
상대방을 높이고 존중하는 마음의 상태이다.

자신의 이익을 기꺼이 포기함으로 인해
타인과의 관계에서 다툼이 생기기 어려울 뿐만 아니라
모두를 공평하게 대우할 수 있는 마음의 자세를 품고 있다.

또한, 위로란 상처 입은 마음이 치유될 수 있도록
보듬고 아껴 주는 마음의 상태이다.

위로라는 교감의 행위는 강력한 치유의 효과가 있다.
대부분의 상처는 위로를 통해 정상화될 수 있다.

돋보이기 위한 것이었는데

탐스럽게 빛나는 것 때문에,
오히려 나의 존재는
빛이 바래 버린 것 같습니다.

사실은 나 때문에 사람들이
몰려드는 것일 뿐
노른자는 단순히 나를
돋보이기 위한 것이었는데,

어찌 된 일인지
나는 뒷전이고 엉뚱한 것이
주인이 되어 버렸습니다.

어쩜 노른자를 통해 내가 더
성숙될지도 모르겠습니다.

나를 강조하기보다는
우리가 함께하는 것이
훨씬 더 가치 있는
일인 것 같습니다.

**함께 빛나야 정말 빛나는 것이다. 강점들이 결합될수록, 보다 좋은 상품이 되는 것
이다.**

함께 띄워 주고 성과를 관리해 줌으로써, 전체의 성과와 효익이 증가된다. 자신을 낮
추고 공을 상대방에게 돌리면서, 관계된 모두를 배려하는 것이 공동의 이익이 된다.
이것을 이해하고 실천하는 사람이, 진정한 리더이고 리더십이다.

기쁨과 속상함이 교차하겠지만

나를 얼마나 싸게 사느냐도 중요하겠지만,
이렇게 고객들을 위한 이벤트가
존재한다는 것 자체만으로도
재미와 만족감을 주나 봅니다.

따지고 보면 아침 일찍부터 나와서
줄지어 서야 할 만큼
경제적인 혜택이 큰 것도 아니지만,
고객들의 무료한 일상생활에
활력을 주는 이벤트라서 그런지
기대가 더 큰 것이 아닌가 생각됩니다.

이제 고객들은 나를 얻고, 얻지 못한 것에 대한
기쁨과 속상함이 교차하겠지만,

나는 그들을 잊지 않을 것입니다.
더 매력적인 모습으로
꼭 다시 찾아올 것입니다.

나는 반드시 고객들에게
행운을 주는 선물 상자가 되겠습니다.

공정하다고 해서 모두에게 공평하게 제공되는 행운이란 없다.

모두가 가질 수 있는 것에는, 감사하지 않는 경향이 있다. 그러나 소수만이 가질 수 있는 것에는, 큰 욕망을 나타낸다. 소수에 대한 혜택이 더 클수록 더 큰 매력을 유발시키는 것, 이것은 공평의 역설이 아닐 수 없다.

가장 잘 표현하려는 노력

나는 없는 듯 존재해야 합니다.

나의 존재가 느껴진다면
나는 목적 달성에 실패한 것입니다.

상품을 가장 잘 표현하려는 노력이,
상품에 대한 고객들의 접근성을
방해하는 경우가 너무나 비일비재합니다.

'맹구주점'에 나오는 맹견의 역할을
내가 하고 있을 수도 있습니다.

주인은 술맛을 최고로 높였지만
키우던 사나운 맹견이 고객들을
쫓아낸다는 이야기입니다.

주인에게는 흡족한 POP가
고객들에게는 맹견과 같은
역할을 할 수도 있습니다.

그래서 나는 없는 듯 존재해야 합니다.

존재하면서도 존재하지 않는 것처럼 연출하는 것은, 고도화된 배려의 표현이다.

무엇을 어떻게 표현하고 강조할 것이냐에 따라 구체적인 작업들은 달라진다. 표현만을 강조할 것인지, 상품을 강조할 것인지에 따라 일관성 있는 배려가 필요하다.

소름 돋는 두려움 속에서도

밤새 지키며 떨던 내가,
이렇게 웃을 수 있는 것은
맑은 아침 햇살의 미소 덕분입니다.

컴컴한 한밤중,
소름 돋는 두려움 속에서도 나는
꿋꿋하게 버텼습니다.

혹시라도,
나를 필요로 하는 고객을 위해
그토록 오랜 기다림을 참아 냈습니다.

나로 인해
고객들의 삶이 나아지고
행복해질 수만 있다면,

지금의 이런 고통쯤이야
얼마든지 견딜 수 있습니다.

상품의 이익을 실현하기 위해서라기보다는, 해야 하는 의무감 때문에 하는 경우가 있다.

사람을 움직이게 하는 것은 이해관계이지만, 이해관계를 통제할 수 있는 것 역시 사람이다.

자신과 미래를 다시 꿈꿀 수 있다면

수학의 정석대로 되지 않는 학생들은,
차라리 수면의 정석대로
건강이라도 챙기는 것이 나을 것 같습니다.

삶을, 공부를, 그 어려운 것들을
어떻게 정석대로만 해 나갈 수 있겠습니까?

스스로가 이기지 못하는 일이라면,
잠시 그 고통에서 벗어나
휴식을 취하는 것이
다시 나아갈 수 있는 에너지를
충전할 수 있는 일이 됩니다.

죄악시되던 휴식이
지금은 필수 조건이 되었습니다.
휴식을 통해 자신과 미래를
다시 꿈꿀 수 있다면,

그것이 수면의 정석인 내가
베풀 수 있는 혜택이 될 것입니다.

상품이 줄 수 있는 행복이라는 것이, 기능적인 것만은 아니다.

행복은 목적에 도달하는 것보다는 그 과정 속에 있는 것이다. 그것을 알지 못하기 때문에, 자꾸만 알 수 없는 목적지를 향하고 있는 것이다.

서로를 견인하고 지지하며

둘이 나란히 선다는 것이 꼭
대립을 의미하는 것은 아닙니다.
둘이 그렇게 나란히 균형을 잡고 조화를
이룰 수 있다는 것은 공동체적 관계를 의미합니다.

하나는 위태롭고 불안정합니다.
둘은 서로를 견인하고 지지하며 안정을 이룹니다.

애인과의 관계에서도,
친구와의 관계에서도,
가족과의 관계에서도,
다치지 않을 만큼만 가까이,
어색해지지 않을 만큼만 멀리,
자연스럽게 거리를 유지해 줍니다.

나를 통해 고객들은 관계에 대해 새롭게 깨닫습니다.
익숙함에 묻혀서 당연했을 관계들을,
저 멀리 기억 속에서 모처럼 끌어냅니다.

나를 기념하는 날은 그래서 생겨났습니다.
관계에 대한 고민 때문에 고객들은 나란히 섭니다.

상품의 기능보다, 상품이 주는 감성이 더 효과적일 때가 있다.

양보할 수 있다면 함께하는 관계가 되고 양보할 수 없다면 대립의 관계가 되는 것이다.
마주 보고 선다는 것에는, 그런 양면성이 늘 존재한다.

포근함에 못 이겨 잠이 드는

내가 등을 두드려 주고
위로와 격려를 해 준 고객이
수천 명은 넘을 겁니다.

나는 많은 고객에게 도움을 줬습니다.
나로 인해 행복해하는 고객
포근함에 못 이겨 잠이 드는 고객까지

그렇게 많은 고객이 나로 인해
삶의 에너지를 되찾아 갔습니다.

나는 꼼짝도 하지 않고 이곳을 지키고 있습니다.
그러면 고객들은 알아서 나를 찾아옵니다.
나는 그렇게 나를 찾는 고객들을 위해
항상 최선을 다했습니다.

나를 밟고 올라서는 어린아이에서부터
몇 번이고 반복해서 이용하는 어른까지,
나는 그들의 피로를 풀어 주기 위해
오늘도 이곳을 지키고 있습니다.

✳ 안마 의자

경험해 봐야 상품의 가치를 알 수가 있다. 그래서 체험을 통한 판매는 인기가 있을 수밖에 없다.

그런 막연한 기대가 있어 오늘도 즐거울 수 있다. 빈 자리가 채워질 수 있다는, 그 기대가 늘 존재하고 있는 것이다.

14

행복과
희망

상품을 찾아 떠나는 여행에서 행복이란
가장 이상적이고 만족한 상태로,
그 상황에 영원히 머무르고 싶어하며
더 이상의 것을 바라지 않는 평온한 마음의 상태이다.

모두가 이러한 행복을 원하지만
욕망과 시기, 분노를 버리지 못하기 때문에
행복한 상태에 도달하기가 어려운 것이다.

또한, 희망이란 자신의 길을 인도하고
이끌어 가며 용기를 불어넣어 주는
밝은 에너지로 가득 찬 마음의 상태이다.

희망은 수많은 어려움과 좌절에도 불구하고
현실을 낙관적으로 볼 수 있게 하는 긍정의 힘이 있다.

삶의 의미가 따로 있다

내가 이렇게 갇혀 있다고 해서 불쌍하게 보는 고객들이 많이 있습니다.
그러나 눈에 보이는 것과 실제는 많이 다를 수 있습니다.

어쩌면 위험으로 가득 찬 세상보다는,
안전한 이곳이 우리에게는 더 행복할 수도 있습니다.
우리가 딱히 갈 곳을 정해 놓고 태어난 것도 아니고,
더 넓은 곳으로 나간다 해도 더 즐겁지도 않을 겁니다.

'니모'를 찾아 나선 아빠 물고기 '말린'과 같은 절박한 처지도 아닙니다.
나는 그저 내가 노닐 수 있는 나만의 공간만 있으면 됩니다.

나를 좋아하는 고객들은, 나의 행복한 삶을 위해
이렇게 많은 노력을 기울이고 있습니다.
이런 고객들이 있는 한 나는 이곳이 훨씬 더 좋습니다.

그것이 자유를 반납한 대가이고 고객들에게
보이기 위한 것일지라도 현재의 나는 안전하고 행복합니다.

삶의 가치가 고객마다 모두 다르듯
우리도 우리만의 삶의 의미가 따로 있습니다.

주위의 환경은 문제가 되지 않는다. 모든 문제는 자신의 내면에서 시작되기 때문이다.

항상 자신에게서 시작된다. 슬픔도, 기쁨도 자신이 느끼는 것에 따라 달라지게 마련이
다. 환경보다는 스스로에게 먼저 적응해야 한다.

가장 잘 표현될 수 있는 방법

탈 만큼 탄 나는, 폐차 과정을 거쳐
자연으로 돌아가야 했습니다.
그런데 이렇게 형체를 유지한 채
멀쩡한 모습으로 고객들을 유혹하고 있습니다.

나는 본래의 역할을 다하였음에도 불구하고
새로운 사명을 부여받았습니다.
나는 이곳을 대표하는 상징물로
새로운 삶을 시작했습니다.

우리는 누구나 가능성이 있습니다.
예정되었던 길과는 전혀 다른 길을 걸어갈 수도 있습니다.
그렇지만 나는 불만을 가져 본 일이 없습니다.

본래는 고장이 날 때까지 달려야 하는 운명이었지만,
이렇게 꼼짝 않고 있는 것도 저에게는 큰 의미가 있습니다.
많은 차 속에 있을 때, 나의 존재감이란 형편없었습니다.
그런데 지금은 다니는 모든 차와 모든 고객이 나에게 주목합니다.

나는 나를 가장 잘 표현할 수 있는 방법을 찾아낸 것입니다.
그래서 지금의 나는 가장 행복합니다.

마지막 모습은 아름답고 싶다.

버려진 것조차도 마치 계획된 것처럼, 한 점 부끄러움 없이 살아날 수 있다.

여전히 나를 선택해 주는

한 끼 쌀밥

정말 한 사람의 한 끼밖에 되지 않는 내가,
이렇게 나의 세상을 맞이하게 될 줄은 몰랐습니다.

나를 보면 곡식 창고에 쌓아 놓아야 할 듯이
가장 귀중하게 취급했었는데,

어쩌다가 딱 필요한 만큼만
팔려 나가는 신세가 되었는지
세상의 변화가 놀랍습니다.

그래도 나의 소중함을 알고
나를 찾아 주는 고객이 있어서 즐겁습니다.

나를 대신할 것이 얼마나 많은데
여전히 나를 선택해 주는 그 마음에
나는 감동을 머금습니다.

그래서 이렇게 있어도
행복할 수가 있습니다.

상품 개발이란, 시대의 변화를 수용하며 그것에 적응하고 진화하는 것이다.

상품이 해야 하는 일은, 변화하는 욕구를 따라 새롭게 태어나는 것이다. 좋은 상품보다 필요한 상품이 더 역동적일 수밖에 없다. 고객의 욕구를 함께 따라가야 한다.

묵은 때를 씻어 내고

묵은 때를 씻어 낸다는 것이
무슨 뜻인지 알 것 같습니다.

너무나도 후련한 이 느낌,
나는 너무나도 기분이 좋습니다.

새것인 양 탈바꿈한 나는,
나의 청결함에 빠져들고 말았습니다.

웬만해서는 녹슬지 않는다는
스테인리스로 만들어진
강철 같은 나의 몸매도,
끈질기게도 달라붙는 먼지들에게는
당해 내지 못했습니다.

이제부터는 정말 정기적으로
목욕을 하기로 결심했습니다.

상쾌함에 젖어 드는 이 느낌은,
내 삶에 있어서 가장 큰
행복이 되고 있습니다.

보람이란, 일상의 아주 작은 것에서도 발견할 수가 있다.

크게 노력하지 않아도 즐거울 수 있고 행복할 수 있다. 그것을 능동적으로 수행할 수만
있다면 말이다.

육감적인 나에 대한 열망

육감적인 나의 몸은
많은 고객의 탐욕의 대상입니다.

대부분은
구워서 먹는
그 단순함에도 불구하고
나에 대한 열망은 뜨겁습니다.

기억하거나 축하할 일에 있어서는
내가 빠질 수가 없습니다.

나는 최선을 다한
정성의 상징이며
화목을 이끌어 내는
맛의 상징입니다.

* 와규 오이스터 블레이드

좋은 상품은 보는 것만으로도 즐거울 수 있다.

이미 행복하다. 보는 것만으로도 이미 만족감을 느끼고 있다. 상품의 아름다움이란 그
런 것이다.

지난날의 소환

이글거리는 뜨거움 속에 나를 가두어 놓은 지
얼마나 지났는지 모르겠습니다.

내가 언제, 이 지옥같이 뜨거운 곳에서
나가게 될지 기약도 없습니다.
이런 잔인한 짓을 두고
사람들은 추억이라고 부릅니다.

예전에는, 부드러운 불길이 감싸고 돌아 나가면
나는 그 밑에서 조용히 익어 갔습니다.
나무 타는 냄새와 타닥거리는 불꽃 튀는 소리,
공기를 밀어내는 따뜻함과 은은히 퍼져 나가는
나의 향기는 추억을 만들기에 충분했습니다.

온몸으로 느껴 가던 그 추억을
이렇게 눈으로만 느껴야 하는 것이
아쉽기는 합니다.

그렇지만 이렇게라도 지난날을 소환하는 것이
가능하고 추억을 다시 새길 수 있다는 것이
어쩜 행복일 수도 있겠습니다.

상품에 추억을 입히는 콘셉트도, 좋은 상품 개발의 형태이다.

상품에 묻어나는 추억을 제공하는 것도, 상품으로서는 가치 있는 일이다.

스스로의 힘으로 곧게 섰다

수많은 SPA 브랜드처럼,
나도 사라질 것이라 생각했습니다.
다른 고객들의 시선도
나와 다르지 않았으니까요.

나의 첫 출시를 기억하는 고객들은
싸지 않은 값에 헐벗은 품질을
아직도 기억하고 있습니다.
그렇지만 나는 한 해, 한 해를 거듭하면서
진화에 진화를 거듭했습니다.

흔적조차 없이 사라질 것이라는 저주 섞인
모욕을 딛고 버젓이 브랜드로 자리매김했습니다.

내가 자랑스러운 것은 그렇게
생사를 건 역경을 극복하고
스스로의 힘으로 올곧게 섰다는 것입니다.

나만의 콘텐츠를 창조하고
나만의 마니아들을 만들어 가면서
나는 이렇게 행복할 수가 없습니다.

영향력 있는 브랜드로 성장한다는 것은, 힘든 일이다. 그러나 분명 보람 있는 일이다.

힘이 들었던 만큼 영광의 크기도 커진다. 그래서 끊임없이 도전이 이어지는 것이다.

따뜻함이 움틀 수 있다

나의 불빛이 아무리 밝아도
한 줌 온기조차 전할 수 없음을 압니다.

밤새 나를 태워 봐도 냉랭히 얼어붙는
겨울밤의 추위를 막을 수 없음을 압니다.

그럼에도 불구하고 내가 이렇게
빛나고 있는 이유는,
그래도 고객들의 마음에 따뜻함이
움틀 수 있다는 생각에서입니다.

나로 인해 마음이 따뜻해지고 사랑이 피어난다면
고객들은 보다 너그러운 마음으로 서로를
행복하게 대해 줄 것이라 믿기 때문입니다.

말라붙은 나뭇가지에 기대어
매일의 생명을 환하게 터트리는 이유는,
세상의 모든 이가 행복해졌으면 하는
희망 때문입니다.

열기가 없는 반짝임만으로도, 가슴을 따뜻하게 할 수 있다.

긍정의 에너지란 그런 것이다. 삭막함 속에서도 따뜻함을 만들어 낼 수 있다.

횟집을 나온 생선회

늘 나를
애모하는 사람이 있습니다.

나를 바라보는
그의 눈에서는
항상 애정이 넘치고,

그의 가슴은
이렇게 속삭이고 있습니다.

"너를 볼 때마다
내 가슴은 뛴다.
너는 미래를 내게로 가져왔고
너로 인해 나에겐
새로운 세상이 열리고 있다."

나는 그의 믿음을 지켜 주려 합니다.
고난은 행복을 엮어 가는 에너지입니다.

나에게는 무한한 에너지가 넘쳐 납니다.
우리는 언제나 함께 행복할 수 있습니다.

✳ 모둠 회

상품에 대한 섬세한 정성의 손길에는 예술을 낳는 힘이 있다.

어찌 아름답지 않을 수 있을까? 보는 것만으로도, 가슴을 설레게 하는 상품의 섬세함
이 있다.

또 무엇이 되어 만나리

나는 똑같은 밀가루에서
나왔음에도 불구하고,

모두 생김새가 다르고
맛도 다르고 향도 다릅니다.

어떻게 같은 뿌리에서
이토록 다른 모양이
나올 수 있을까 의아하지만,

눈앞에 보이는 것이
현실임을 믿어야 합니다.

보다 맛있는 나
보다 다양한 나

스스로를 향한 열정과 몰입으로 인해
나는 또 어떤 모습으로 나타날지,
나 자신도 너무나 궁금해지고 가슴이 뜁니다.

상품의 무한한 가능성을, 한낱 두려움 속에 가둬 두지 마라.

지금 보이는 상품의 모습이 전부가 아닐 수도 있고, 진실된 모습이 아닐 수도 있다. 끊임없이 변화하는 시간들을 따라 가능성은 현실로 다가오게 마련이다. 그러니 현실로 다가올 때까지 상품의 가능성을 닫아서는 안 된다.

속박을 벗어난 자유

한 뼘의 땅조차 없어
하늘에 떠 있는 것이라
생각할 수도 있을 겁니다.

그렇지만 나는
한 곳에 뿌리박고
죽지도 못하고 낡아 가느니,

차라리 이렇게 높이 떠서
지나는 수많은 차에
조각조각 마음을 실어,

멀리멀리 떠나보내는 것이
훨씬 더 행복할 겁니다.

겨우 땅을 벗어났으니
이제 곧 이곳을 벗어날 겁니다.
나는 자유의 상징입니다.

* 시흥 하늘 휴게소

상품도 마찬가지다. 기존의 관념에서 벗어나라. 그러면 자유를 만끽하게 될 것이다.

무의식 속에서 자신을 제어하던, 기존의 관념들과 사고의 틀을 벗어던져야 한다. 그러면 우리는 지금까지 경험해 보지 못했던, 새로운 상품을 만나게 될 것이다.

나도 커서 에쿠스가 될래요

나도 꿈이 있습니다.
무한한 가능성이 나에게 존재하는 이유는,
아직은 내가 미완의 상태이기 때문입니다.

이미 굳어져서 더 이상 자신을 바꿀 수 없는
성인들은 꿈을 꿀 수가 없습니다. 어느 길로 들어섰던,
그들은 이미 완성의 단계에 있기 때문입니다.
그런데 그런 성인들이 나를 우습게 봅니다.

마치 운명적으로 이미 결정된 것처럼 나의 꿈을 비웃습니다.
자신도 이루지 못했으니 나도 이루지 못할 것이라고
지레 장담하나 봅니다.

그렇지만 나는 꿈이 있습니다.
내가 무엇이 될지는 아무도 모릅니다.
나는 나의 가능성에 한계점을 긋지 않습니다.

현재의 능력이 아닌 미래의 꿈을 선택한 내 열정이
나를 나의 꿈으로 인도할 것입니다.

나는 꿈을 꾸고 있고 나의 꿈은 나를 꿈꾸고 있습니다.

상품의 무한한 가능성은, 모두에게 더 큰 행복을 줄 수 있다.

다만 그것을 끌어내는 일은 각자의 몫이다. 미리 포기하지 마라. 아직은 끝나지 않았으니.

15

커피와
푸른밤

고객들은 커피와 동일체가 되는 경우가 많다.
커피는 고객들의 삶의 곳곳에서 쉼의 공간을 제공하고
지쳐 있는 고객들을 보호하고 사랑하게 하며
흐르는 시간의 순간순간을 의미 있게 만들어 준다.

푸른밤은 새롭게 출시된 소주의 이름이다.
제주도의 귀한 화산 암반수로 만들어
태생부터가 독특하다.

그러나 완벽하리만치 완전한 소주라는
경쟁 시장에 진입하는 푸른밤을 보노라면
자식을 걱정하는 부모가 된 듯한 느낌이 든다.

푸른밤이 탄생하기까지의
그 엄청난 어려움을 극복한 뒤 마주하는 세상은
생존이라는 절체절명의 전쟁터이며,

어떻게 살아남을 수 있느냐의 생존의 문제가
푸른밤의 탄생에 대한 선물이 되었다.

아무것도 하지 않는 시간

나였다!
따스한 햇살 타고 오는 나른한 행복을
느낄 수 있게 해 주는 것은.

누구를 특별히 목적으로 하지도 않고
누구나 품어 줄 수 있고
누구에게나 다가서는 용기 있는 나.

한파의 황량함만이 휩쓸고 지나가는 밖은
모든 것이 참담히 얼어붙은 채 고개 숙이고 있는데,

한순간
너를 행복하게 하는 것은 나였다.

가치를 부여하지 않는,
가치가 존재하지 않는 시간.

바쁜 삶이 독촉하는 잔소리를 뒤로하고
고객들은 용감히 멈추어 섰다.
그래서 나는 존재하고 있다.
너를 위해 내가.

* 이야기 카페

휴식은 역동적 삶의 다른 이면이다.

휴식은 고객의 마음과 삶의 내용, 질을 높여 주는 역할을 한다. 스스로를 다독이고 위안과 격려를 해 주는 값진 시간인 것이다.

영원한 정신적 벗

태양만이 이글거리던 광활한 들판에서
나는 오로지 나만을 의지한 채
외롭게 열매를 맺어 갔습니다.

태양을 향한 욕망으로 들끓었던 내 몸속에는
나도 모르는 사이 자연의 맛과 향이 깃들었습니다.
나는 그것들을 전부 로스팅과 분쇄의 과정을 거쳐
밖으로 배출해 버렸습니다.
내 안의 것들을 모두 비우고 나서야 비로소 가벼워졌고
나는 다시 자유의 몸을 얻었습니다.

이제 자연으로 돌아가기 전, 나는 다시 한번
내 몸 가득 불순물들을 머금습니다.
나는 자연에서 건강함을 가져오고
자연으로 불순물을 가져갑니다.

이웃을 향한 나의 순교자적 태도는
많은 고객을 감동하게 했고,
그래서 나는 내가 의도하지는 않았지만
고객들의 거실과 마음속에서
영원한 정신적 벗이 되어 버렸습니다.

* 커피 찌꺼기

커피의 향에는 삶을 치유하는 에너지가 있다.

커피가 뿜어내는 향은, 사람들의 마음을 진정시키고 여유롭게 하며 마음을 열어 함께
하는 행복을 느낄 수 있게 해 주는 힘이 있다. 그래서 커피의 향에 취한 사람들은 시간
을 즐길 수가 있다.

식지 않는 나에 대한 사랑

수천 번의 입맞춤에도 불구하고
고객들은 여전히
나를 잊지 못합니다.

이제는 지루할 만도 하고
새로운 것에 대한 욕망도
꿈틀거릴 만한데도,

식지 않는 나에 대한 사랑은
영원할 것만 같습니다.

나는 고객에게
커피로 다가가지 않았습니다.
나는 그들에게 공간을 주고 시간을 주고
편안함과 위로를 주었습니다.

나는 그들의 삶의 한 부분을 차지하고
함께 생활하고 있습니다.

나에 대한 사랑의 비결은 내가 바로
그들의 삶의 일부를 이루고 있기 때문입니다.

* 팔당 스타벅스

서로 어울림에 있어서, 불편함이나 거부감이 없다면 이미 하나가 된 것이다.

무엇인가에 질리지 않는 이유는, 그것이 이미 나와 하나가 되었기 때문이다. 그것은
결핍의 상태가 되어야만, 비로소 그 크기를 가늠할 수 있게 된다.

아침이 재촉을 해도

아무리 아침이 재촉을 해도
나는 꿈쩍도 하지 않을 수 있습니다.

바쁜 것은 내가 아니기 때문이며
나는 그런 와중에도
느긋할 수 있기 때문입니다.

서두르는 것은 내가 아닙니다.
나를 둘러싼 환경들,
확실하지도 않고 끝나는 일도 아닌데
왜 그렇게 몰아붙이는지
알 수가 없습니다.

가장 중요한 나,
내가 이렇게 있는데
주변은 자꾸만 나를 휩쓸고 가려고만 합니다.

* 출근길

잠시의 쉴 틈 역시, 휴가만큼이나 가치가 있다.

마음에 여유가 머물 수 있다면, 삶이 안정되고 스트레스도 완화될 수가 있다. 그렇게
하고 안 하고는, 모두 자신이 하기에 달려 있다.

다시 살아갈 힘과 용기

나는 고객들을 편안히 안아 줍니다.
한 잔을 주문해도
너무 오랫동안 머물러도
아무런 주문 없이 가만히 있어도
나는 그들에게 뭐라 하지 않습니다.
그들은 나에게 오고
나에게 위로를 받고 싶어 합니다.
힘들어 하는 그들은
나에게서 위안을 찾고 휴식을 찾고
삶의 의미를 깨달아 갑니다.

나로 인해 고객들은
다시 살아갈 힘과 용기를 얻습니다.
나는 그들에게 꼭 필요한 존재이기 때문에
나는 언제나 그들을 위해 존재하고 있습니다.

✳ 늦은 시간 스타벅스

언제 찾아가더라도 에너지가 있다. 활기를 돋우는 향이 있다.

그래서 다시 힘을 얻고 용기를 내어 본다. 일상생활에서 위로를 받을 수 있는 곳이 있다. 삶을 잠시 떠나 혼자만의 시간을 갖는다. 삶의 에너지가 충전되는 시간이다.

삶에 잠시의 쉼표를

거칠고 고된 삶에 고대 시대의
소도와 같은 곳이 있습니다.
원하기만 한다면 누구나 자신에게
휴식을 줄 수 있습니다.
스스로를 돌아볼 수 있는 시간이
주어진다는 것은 엄청난 행복입니다.
그조차 놓쳐 버리는 고객이
너무나 많기 때문입니다.

나는 흔하지만 나름의 캐릭터가 있어
공간의 다양함을 즐길 수 있습니다.
어디에나 존재하고 있지만 의외로
이용하지 않는 고객도 많습니다.
함께 있지만 혼자 있을 수도 있고
혼자 있지만 함께하는 즐거움도 있습니다.
내가 존재하는 이유는 고객들의 삶에
'잠시의 쉼표'를 주기 위함입니다.

휴식을 통해 삶에 에너지를 보충해 주는 겁니다.
고객들의 삶이 나아지도록 나는 오늘도
온몸으로 고객들을 감싸고 돕니다.

＊ 김대진커피

커피의 향과 분위기에 녹아드는 시간, 그것은 분명 행복의 시간이다.

시간에 녹아드는 저녁의 행복함이 있다. 아무것도 하지 않는 것이 얼마나 행복한 시간
인지는 경험해 본 사람만이 누릴 수 있는 행복이다.

살이 되고 피가 되고 정신이 되어

나는 사람들의 삶을
멈추게 합니다.

바쁘게만
살려고 하는 사람들,
어제와 다를 게 없는
관성의 법칙에 밀려가는 사람들,
일상생활 속에
매몰되어 버린 사람들,

그들에게
숨을 쉴 수 있게 해 주고 있습니다.

나는 사라지지만
그들의 살이 되고 피가 되고 정신이 되어
언제나 그들을 지지해 주고 있습니다.

나는 그들이 삶을 회복할 수 있도록
여유라는 선물을 항상 준비하고 있습니다.

나는 그들 때문에 존재합니다!

언제나 함께하는 커피의 향은, 삶의 에너지다.

향기 있는 삶을 가능하게 하는 에너지가 있다. 맑은 정신과 건강한 육체를 유지할 수 있다. 일어나는 일들에, 약간의 흥분적 재미를 가지고 대할 수 있다. 그만큼 자신감이 생기는 것이다.

고통보다 가까이 있는 단맛의 유혹

나의 달콤함에
빠져들면 들수록
결코 헤어 나올 수 없게 됩니다.

마치 늪처럼
나로 인한 비만으로
괴로움에 허우적거리는
고객들이 늘어납니다.

그렇지만 막상 나와 맞서게 되면
그 치명적인 맛과 매력을
거부하기가 쉽지 않습니다.

고통보다 가까이 있는
이 단맛의 유혹에
오늘도 고객들은 속절없이
흔들리고 있습니다.

✳ 커피베이 조각 케이크

작은 달콤함의 유혹조차 강렬한 자극이 된다.

커피와 함께하고 커피와 조화를 이루는 환상적인 커플이다. 조화로운 맛은, 참으로 거절하기 힘든 유혹이다. 우리는 매일매일 그 유혹에 굴복하고 있다.

거의 무한대로

종이컵만 살 수 있다면 나를
거의 무한대로 이용할 수가 있습니다.

내가 거덜 날까 봐
걱정해 주는 고객도 많습니다.

그러나 나는 기본적으로
서비스를 위해 태어났기 때문에
이익을 목적으로 하지는 않고 있습니다.

그래서 나를 이용하는 고객이 많으면 많을수록
나는 소중한 소명을 다하는 것이 됩니다.

나를 한 컵 가득 담아도
끝까지 다 마시는 고객은 별로 없습니다.

생각보다 컵의 깊이가 깊고 넓어
많은 양이 담기기 때문입니다.

가성비 최고인 나는 그래서 언제나
인기가 있을 수밖에 없습니다.

＊ 노브랜드 카페

노브랜드 커피의 무한 리필이 주는 무한 행복은 무한하다.

무한정 준다 하더라도, 무한정 마실 수 있는 것은 아니다. 오히려 생각보다 훨씬 덜 마시게 되지만, 마음만은 한껏 마신 듯 만족감에 흠뻑 젖어 든다.

풍요가 주는 맛

양으로 운명을 건 것인지,
진한 맛으로 승부를 건 것인지,

오너십이 통한 것인지,
그런 노력 덕분인지,

나는 독특한 캐릭터로
자리를 잡은 것 같습니다.

풍요가 주는 맛은
일상의 생활을 윤택하게 해 줍니다.

육체적 건강이 중요한 만큼
정신적 건강도 중요합니다.

나는 정신적 건강을 위해
존재하고 있는 것이 좋습니다.

나로서의 가치가
충만한 행복한 날씨입니다.

자극적이고 강한 맛의 깊이에 빠지면, 헤어 나올 수가 없다.

자극적이고 양이 많고 가격조차 저렴하다면 빠져 볼 만도 하다. 모든 상품에는 그 상품에 맞는 고객들이 존재하기 마련이다. 그 상품들을 모두 즐길 수 있다면 더욱 즐거울 수가 있다.

커피 한 잔에는

커피 한 잔에는 행복이,
전율처럼 타고 내리는 넘실거림이
멈출 수가 없습니다.

커피 한 잔에는 사랑이,
무한히 용서할 수 있는
타인을 향한 마음이 흐릅니다.

커피 한 잔에는 지혜가,
나를 나답게 온전히 하는
현명함이 은은히 묻어납니다.

커피에는 향으로 전하는 공감의 힘이 있다.

말보다 더 빠르고 강력하게 전달하는 힘이 있다. 그것이 커피의 향이다. 커피의 향은
정신을 안정시키고, 관계를 편안하게 만들어 준다.

두르고 있는 브랜드만 걷어 낸다면

우리가 두르고 있는 브랜드만 걷어 낸다면,
사실 우리를 구별할 수 있는 고객은 그리 많지 않을 것입니다.
예전에 코카콜라가 라이트 코카콜라를 출시했을 때,
거칠게 항의했던 코카콜라 마니아들조차
블라인드 테스트에서 제대로 구별하지 못했다고 합니다.

예전에 우리의 먼 친척인 휘발유가 품질이 전혀 다르다고
엄청나게 광고를 해대서, 운전자들을 갈라놨던 일부 정유사가
실제로는 휘발유를 상호 교환해서 공급한 적도 있었듯이
사실에 있어서는 크게 다르지 않음에도 브랜드에 있어서는
크게 다르게 반응하는 것이 바로 고객인 것 같습니다.
고객들은 자신이 생활해 온 환경의 영향을 벗어나서 생각할 수가 없습니다.

고객들은 자신이 경험하고 느끼고 축적된
기억이라는 것을 가지고 우리를 평가합니다.
실체적인 우리보다는 경험에 의한 이미지를 통해
우리에 대해 더 확신에 찬 모습입니다.
그래서 우리는 선택되기도 어렵지만 또 바뀌기도 어렵습니다.

사람들은 우리를 보이지 않는 고정 관념이라는
감옥에 겹겹이 가둬 두고 있습니다.

* 브랜드 경쟁

여전히 지금의 상품을 지배하고 있는 것이, 이미 흘러간 과거의 기억들일 수 있다

과거의 기억 속에서 쉽게 탈피하지 못하는 이유는, 그것이 경험적으로 검증되었기 때문이다. 설혹 부정적인 경험이라 하더라도, 그것은 확실한 사실로 정리되어 있기 때문에 안정감을 준다.

수많은 노력에도 불구하고

나를 가장 잘 표현할 수 있는
방법이 무엇인지 잘 모르겠습니다.

수많은 노력에도 불구하고 쉽게 허락되지
않는 시장이 야속하기만 합니다.

그와 마찬가지로 그렇게 오랫동안의 노력이
쌓여 이루어진 남의 시장을 이제 출시된 내가
그렇게 쉽게 넘어설 수 있다고는 생각하지 않습니다.

나를 간단히 표현하려 하면 쉬워지긴 하지만
내가 제대로 표현이 되질 않고,
나를 제대로 표현하려 하면 어수선하고
복잡해져서 전달하려는 힘이 떨어집니다.

나는 이랬다저랬다 한동안은
그럴 수밖에 없을 것 같습니다.

지금 나에게는 압축되고 강렬하게
집중되는 나만의 삶이 필요합니다.

자신이 아니어도 이루어질 일들은, 자신에게도 의미가 없다.

자신이기에 가능한 일을 찾아야 한다. 그것은 스스로를 마지막 한계점까지 몰아붙이
는 잔혹함에서 나올 수 있는 진정한 도전 정신이다.

한 줌의 공간마저 허락하지 않는

이제 막 전투 준비를 마친
나의 모습에서는
비장함마저 흐릅니다.

소주는 독과점의 형태로 완벽하게
자기들만의 시장을 장악하고 있습니다.

전국 주와 지방 주들의
촘촘하고 겹겹이 쌓인 방어 전선은
한 줌의 공간마저 허락하지 않습니다.

싸움 의지를 상실하게 만드는
철통같은 방어 전선을
우리는 기필코 뚫고 나갈 것입니다.

상대의 강점에 함께 올라타고
나 자신의 콘텐츠를 확산하며
나는 결국,
나 자신만의 영토를 확장할 것입니다.
이것은 운명입니다.

＊ 버전 업 프로모션

아무리 무모해 보인다 해도 하고자 하는 결심이 서면, 그것을 실현할 방법이 보인다.

한두 번으로 성공하는 영업이란 존재하지 않는다. 대부분의 성공한 상품은, 성공할 때
까지 노력했기 때문에 그 지위에 오른 것이다.

부록

상품마음학

탄생 배경과

실무 특강

1. 상품마음학 탄생 배경

상품의 삶은 인간의 삶을 그대로 닮았다. 인간의 태어남과 성장 과정 그리고 그리 길지 않은 삶의 과정에서 겪게 되는 희로애락은, 고객들이 이용하는 상품에도 그대로 투영되고 있다. 사람이 상품을 만들어 가는 것인지, 상품이 사람들의 생활을 이끌고 가는 것인지 혼란스러울 때도 있지만 결국 상품과 사람은 하나로 융합되는 관계일 수밖에 없기 때문에 상품 속에서 고객의 마음을 들여다볼 수가 있는 것이다.

상품 역시 인간이 겪고 느끼는 감정들, 즉 갈등, 고민, 기쁨, 노력, 도전, 모순, 믿음, 배려, 번민, 변화, 보람, 분노, 불만, 불안, 비참, 사랑, 슬픔, 시련, 열정, 오류, 욕망, 욕심, 용서, 위로, 유혹, 이별, 자존, 좌절, 질투, 행복, 희망, 두려움, 서운함, 즐거움 등등의 수많은 감정 속에 있다. 상품의 속마음을 엮어 낸 것이 바로 상품을 찾아 떠나는 여행이며 '상품마음학'이다.

보기에는 그저 가만히 있는 것 같은 상품도 사실은 살아 있는 것이다. 고객들과 똑같이 숨도 쉬고, 생각하고, 감정도 느끼고 있다. 진열되어 있는 상품들도 매장 여기저기를 누비며 다니고 싶어 한다. 그것이 비록 고객의 손을 빌려 가능한 일이라 할지라도, 상품에서도 역동성은 넘쳐 나는 것은 사실이다. 상품에게도 삶의 시련이 있다. 팔리지 않으면 고민이 깊어지고, 무심히 지나가는 시간 속에 판매 부진으로 인한 퇴출 때문에, 자신의 생명 단축에 대한 위협도 느낀다. 반갑게 안아 주는 고객들에게는 한없는 기쁨과 사랑을 느끼고, 냉정히 외면하고 지나쳐 버리는 고객들에게는 한없는 섭섭함의 원망도 쌓여 간다. 이제는 상품들의 마음도 알아주어야 할 때가 되었다. 상품들도 고객처럼 똑같이 감정을 가지고 하루하루 살아가고 있다는 것을 알아주어야 한다.

상품들의 감정을 이해하고 공감해 주어야 한다. 상품과 고객들 간의 이러한 간극을 메우고 친근함을 맺어 주기 위해 '상품마음학'이 탄생하게 되었고, 해결 방법들은 상품을 찾아 떠나는 여행에서 찾을 수 있을 것이라 믿는다. 상품을 찾아 떠나는 여행을 통해 상품은 고객과 함께 더욱 행복한 삶, 풍요로운 사회를 만들어 갈 것이라 믿는다.

상품들 역시 시대의 욕구를 따라 끊임없이 변화하고, 성장해 가고 사멸해 가는 과정을 밟는다. 그 과정에서 상품으로서 겪어야 하는 마음의 상처와 정서적 감성이 있다. 그래서 상품도 고객처럼 대우해야 하는 것이다. 그것은 살아 있는 고객을 위한 모든 상품 역시 살아 있어야 하기 때문이다.

상품을 찾아 떠나는 여행에서 상품이라고 하는 것은, 그것이 '경제재'든 '비경제재'든, 유형의 형태이든 무형의 형태이든 상관하지 않는다. 고객에게 만족을 주거나 효용적 가치가 존재한다면, 모두 상품으로 인정할 수 있다. 상품의 궁극적 목적이 고객들을 위한 것이기 때문에 고객을 위하고 있는 한, 그러한 것에는 모두 상품이라는 속성이 내재되어 있는 것이다.

2. 실천적 의미의 상품 정의

유통업에서 상품에 대한 정의를 내린다면 그것은 '가치 있는 생산물 또는 제조물이 변화하는 시대적 니즈에 맞춰 고객들과 새롭게 만나는 조화로운 최적의 상태'라고 말할 수 있을 것이다.

상품으로서의 조건은 첫째, 이용하기에 적합한 신선함을 유지해야 하고 둘째, 이용자의 욕구에 부합하는 가치가 있어야 하고 셋째, 언제 어디서든지 편리하게 이용할 수 있어야 하며 넷째, 건강과 위생에 대한 안전함이 담보되어야 하고 다섯째, 효익이 비슷한 대체 상품에 비하여 가격이 저렴하여야 한다. 이러한 상품이야말로 유통 업계나 고객들에게 가장 좋은 상품이라 할 것이다.

3. 성공 상품의 세 가지 핵심 요소

상품이 지속해서 생존해 나가기 위해서는 세 가지 핵심적인 활동이 필요하다. 그것은 상품의 부가 가치화, 상품의 표준 규격화, 상품의 브랜드화이다. 이것을 다시 접근 방법으로 이야기하면 질적 접근, 활로 접근, 개성적 접근이 될 것이다.

첫째로 상품의 부가 가치화란 상품을 고객들에게 보다 가치 있게 접근시키는 것이다. 고객들에게 존재하고 있는 욕구보다 더 많은 효용을 가지고 있는 상품들이 출시되고 있다. 상품이 살아남기 위해서는 특별함으로 가치를 더하지 않을 수가 없는 것이다. 그렇지 못한 상품들은 대체재들로 인해 도태될 수밖에 없는 치열한 경쟁 속에 있다. 따라서 상품이 계속해서 선택되기 위해서는 그 상품만의 가치가 도드라지게 표현되어야 하는데, 이것이 부가 가치의 강화를 통한 질적 접근이라 할 수 있다.

둘째로 표준 규격화란 상품이 모든 곳, 모든 사람에게 신속하고 정확하게 도달하기 위한 상품의 자유로운 거래와 이동 통로의 확보를 말한다. 상품의 표준 규격화를 위해서는 두 가지 조건이 선결되어야 하는데, 상품의 품질이 객관적으로 표준화되어 있어야 거래가 활성화될 수 있다는 것과 상품이 규격화되어 있어야 이동의 효율성이 담보될 수 있다는 것이다. 상품을 필요로 하는 모든 장소와 모든 사람에게 변함없는 품질로 정해진 시간에 도달할 수 있게 하는 것은, 상품의 표준 규격화를 통한 활로 접근이 있기에 가능한 일이다.

셋째로 상품의 브랜드화란 고객들에게 어떻게 상품에 대한 충성심을 갖게 할 것인가를 말한다. 고객들도 서로의 관계가 친해지면 경계심을 허물듯이 상품과 고객 역시 마찬가지다. 상품을 의심과 고민 없이 구매하여 사용할 수 있는 관계에 이르러야 하는 것이다. 그러기 위해서는 상품의 이용을 통해 상품의 정보가 쌓여야 하고, 체험적으로 상품에 대한 이미지가 형성되어야 한다. 이러한 과정을 통해 그 상품만의 특별한 개성적 접근이 이루어져야 한다. 상품의 브랜드화 속에는 형성적 정보, 체험적 정보, 검증적 정보가 융합되어 해당 상품의 개성화가 이루어지는 것이다.

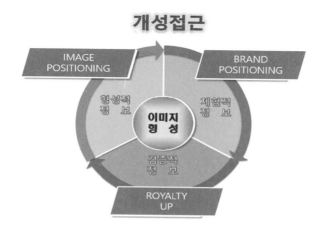

이렇게 부가 가치화, 표준 규격화, 브랜드화가 이루어졌을 때 그 상품은 지속해서 성장하고 활성화될 수 있는 콘텐츠로 무장될 수 있는 것이다.

4. 이것이 신상품 개발이다

상품을 개발하고 출시한다는 것은 지금까지 존재하지 않던 상품을 만든 다는 의미보다는, 기존에 있던 상품들과 재료를 기반으로 해서 고객들이 욕망하는 새로운 가치를 찾는 작업이라 할 수 있다. "하늘 아래 새로운 것 은 없다."라는 말처럼, 상품 역시 기존에 존재하지 않았던 전혀 새로운 것 이라면 사람들은 두려움과 거부감에 선뜻 이용해 볼 생각을 하지 못할 것 이다. 기껏 개발한 신상품이, 고객들에게 불편함이나 두려운 감정을 느끼 게 한다면 결코 좋은 방법은 아닐 것이다.

특히 그것이 식품인 경우에는 더욱 그렇다. 식품은 사람의 생명과 직결 된다. 식품은 사람의 생명을 유지해 주기도 하지만, 한순간에 생명을 앗 아 가기도 한다. 그래서 사람들은 안전하다고 경험적으로 축적된 사회적 DNA에 의해 식품을 선별하고 판단하게 되어 있다. 따라서 식품만큼은 안 전함을 담보하는 신상품 개발이 필요한 것이다.

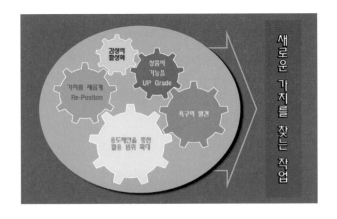

고객들의 욕구는 끊임없이 변화하고 진화하고 있으므로 이러한 환경 속에서 유용한 가치를 찾아내어 상품에 입히는 작업이 바로 상품화 작업이라 할 수 있다. 결국 상품 개발이란 고객들의 생활 문화를 더욱 풍요롭게 함으로써 고객들의 삶의 질과 내용을 더욱 가치 있게 만들어 가는 생산 및 그와 관련된 일련의 활동들을 일컫는 것이라 할 수 있다.

5. 디자인과 패키지의 중요성

상품의 콘셉트, 상품의 특성을 고객이 쉽게 이해할 수 있도록 표현한 것이 상품의 디자인이다. 상품의 패키지는 상품의 콘셉트를 구현하는 일이다. 따라서 상품의 디자인과 패키지는, 고객이 상품을 인지하고 평가하게 되는 '고객 설득의 접점'이라고 볼 수 있다.

디자인이란 상품에 영혼을 입혀 가는 작업이며, 포장 패키지란 상품에 육체를 만들어 가는 작업이다. 이러한 직업적 소명 의식으로 무장하고 상품을 개발하여야 한다. 혼이 들어간 상품이 고객들의 감성을 울릴 수가 있는 것이다.

> **디자인이란,**
> **상품에 영혼을 입혀가는 작업이며**
>
> **포장패키지란,**
> **상품에 육체를 만들어 가는 작업입니다.**
>
> – 상품 커뮤니케이터 이규철 –

6. 상품의 공감적 순환 구조

상품의 요람에서 무덤까지를 넘어 소비 이후의 감성까지 끊임없이 순환할 수 있는 프레임을 만드는 것이 필요하다. 최종 소비 이후, 만족과 불만족의 감정의 상태가 신상품 개발에 영향을 미칠 수 있어야 한다. 이러한 순환 고리를 타고 상품은 진화를 거듭함으로써 지속적 생존이 가능하게 된다. 일회성의 짧은 생명을 가진 상품이 아니라, 영속하는 상품을 만들어 가야 한다.

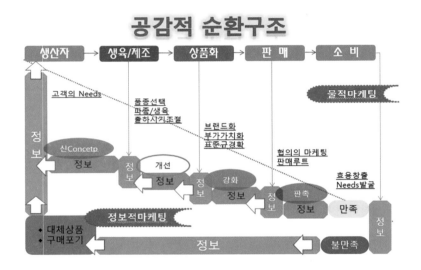

7. 협력의 패러다임 구축

상품의 생산자가 곧 소비자이며, 소비자가 곧 생산자인 시대에 살고 있다. 누구와 협력해야 할지 혼란스러울 때도 있다. 그런 때는 상품의 흐름을 따라가 보자. 삶의 질을 높이기 위해 협력해야 할 대상이 더욱 뚜렷해질 것이다.

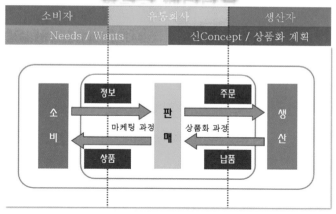

8. 상품이란 생활 자원의 총칭

고객의 생명과 사회 문화, 의식의 근간을 지지하고 있는 것이 상품이다. 상품이란, 고객이 효익을 얻는 모든 것의 총합이기 때문이다. 상품의 이용은 그를 통한 직접적인 효익을 얻을 수 있을 뿐만 아니라 그것을 획득하는 과정, 소비하는 과정, 그것에 대한 지식의 축적과 같은 일련의 활동을 거치게 됨으로써 하나의 문화, 하나의 생활 양식을 이루게 되는 것이다.

그런 문화나 생활 양식이 무수히 많은 상품으로 이루어지게 된다면, 그것은 결국 사람들의 활동 총합이 될 것이다. 상품 하나하나는 무시할 정도로 작은 의미밖에 없을 수도 있겠지만, 그것들이 무리를 짓게 되면 각 부문에서 전혀 다른 양상이 일어나게 된다. 이것이 상품이 고객에게 미치는 영향력이다.

따라서 '상품마음학'은 상품과 사람의 끊임없는 교류와 행복한 관계를 맺어 주기 위해, 더욱 부지런히 상품들의 마음을 읽어 나갈 것이다. 상품이라는 생활 물자가 없다면 사람의 삶도 영위될 수 없을 것이기 때문이다.

● 맺음말

　유통 업계에 종사하면서 상품 개발도 해 보고 판매도 해 보고 운영도 해 보면서, 그러면서도 늘 고민하는 것이 있었다. '어떻게 하면 좋은 상품을 개발할 수 있을까?', '어떻게 하면 상품을 더욱 많이 판매할 수 있을까?', '어떻게 하면 고객에게 만족을 주고 칭찬을 받을 수 있을까?' 하는 것이었다. 이것은 상품을 직접 판매하는 유통 업체만의 고민은 아닐 것이다. 상품을 만들고 공급하는 대형 제조 회사들, 중간 도매상 또는 협력 회사들과 작은 규모의 생산자들도 모두 이와 같은 고민을 하고 있을 것이기 때문이다.

　지금까지 제조 회사나 판매 회사는 항상 상품에만 집중해 왔다. 상품의 부가 가치를 더 높이기 위해 최선의 노력을 기울여 왔다. 이미 오래전부터 상품은 고객의 욕구, 특히 시대적 트렌드와 그 시대를 대표하는 문화적 요소에 의한 감성적 욕구에 기반해야 한다는 주장이 설득력을 얻어 왔다. 그러나 대부분의 가공 상품은, 대량 생산이라는 태생적 특성으로 인해 고전적 형태의 제조에 기반을 둘 수밖에 없었다. 그러다 보니 제조 부문에서는 기존의 관행이 쉽게 바뀔 수 없었으며 그 연장선에 있는 유통 업체 역시 사정은 마찬가지였다. 그러나 이제는 고객과 그 시장이 확연하게 바뀌어 가고 있음을 체감하고 있다. 고객의 욕구에 기반하지 않는 상품들은 더 이상 설 곳이 없어졌다. 제조에 기반을 두었을 때는 저가격 대량 생산이 미덕이었으나, 이제는 소수의 개별적 개인의 요구를 맞추기 위한 맞춤형 소량 생산으로 상품과 그 시장이 매우 세분화되어 가고 있기 때문이다. 이제는 시장을 하나의 상품이 휘어잡는 시대는 지나갔고, 개성 있는 소수의 상품이 군집을 이루어 각각의 욕구를 중심으로 상품의 신트렌드를 리드해 나가고 있다. 이렇게 변화된 환경에 있어서는 소규모의 생산자이든 기존의 대규모 생산자이든 그 누구를 막론하고 생존을 위해서 변화하는 고객의 구매 환경에 적응할 수밖에 없게 되었다.

이 책은 이런 시대적 환경에 놓인 중소 생산자, 대규모 생산자, 유통을 꿈꾸고 유통에 종사하는 사람들에 이르기까지 모두가 상품에 대해 새롭게 접근할 수 있는 방법을 제시하고자 한다. 이 책은 체계화되고 검증된 이론적 구조를 갖추지는 않았다. 어쩌면 개인의 경험과 사고에 국한된 단순한 실무적 관점이며 감성적 표현일 수 있다. 이러한 한계점에도 불구하고 상품에 대한 접근을 새롭게 제안하는 이유는, 이미 현재 시장이 이전과는 명확하게 변화하였음에도 불구하고 여전히 기존 관행의 힘에 밀려가면서 어려움을 겪고 있는 분들을 돕고 그들과 함께 새롭게 접근해 갈 수 있는 길을 열어 가기 위함이다. 새로운 상품, 새로운 소비문화를 만들어 감으로써 소비를 하는 고객들, 즉 수많은 고객이 더욱 행복한 삶을 누리기를 바라는 마음이다.

상품은 단순한 생계의 수단이 아니다. 그럼에도 불구하고 간혹 소수이기는 하지만 생산자나 공급자 중에는 상품을 생계를 위한 수단적 도구로만 취급하는 경우가 있다. 상품은 단순히 돈을 벌기 위한 대상 역시 아니다. 그럼에도 불구하고 더 많은 이익을 내기 위해 상품의 본질을 훼손하는 경우도 있다. 상품은 고객의 생활을 안전하고 건강하고 즐겁고 행복하게 유지하고 향상해 주기 위해 반드시 올바르게 존재하고 있어야 한다는 것이 저자의 직업적 소명이다. 상품을 생계 수단이라고 여기는 인식의 한계에서 벗어날 수 있다면 자신의 생계를 이유로 상품을 소홀히 대하지 않을 것이다. 또한, 상품을 돈을 벌기 위한 수단으로 생각하지 않는다면 자신의 돈벌이를 위해 고객의 건강이나 생명을 외면하거나 등한시하지 않게 될 것이다. 나아가 상품이 고객의 생활에 매우 밀접하며 유익한 존재라고 생각을 바꾸게 되면, 고객이 행복할 수 있는 상품을 만들어 갈 수가 있을 것이다. 이렇게 상품에 대한 개념의 근본적인 변화를 통해 현장에서 실천해 나가고자 하는 것이다. 이 책에 담긴 어떤 특정한 상품이나 장소, 건물이나 인물, 사진, 이미지와 이야기들은 그 상품이나 상황들을 지적하거나 비난하거나 격하하기 위한 것이 아님을 분명하게 밝혀 두고 싶다. 단지 상품의 마음을 구체적으로 헤아려 보려 노력했던 많은 사례 중 하나에 불과할 뿐이다. 세부적으로 감성을 표현하려다 보니 불가피하게 그 대상이 되었을 뿐이다. 혹시라도 이로 인해 불편을 느낀 분이 있다면, 적극적으로 개선하고 보완하고자 하는 마음이었다고 미리 이해와 양해를 구하는 바이다.

상품의 마음을 들여다보면서, 직장인의 마음과 결부시켜 보았다. 직장인이 직장 생활을 하면서 그에 따른 스트레스를 받는다는 것은 너무나 당연한 일일 것이다. 서로의 삶의 방식이 달랐던 사람들이 한 조직에 몸담고 있으니, 그럴 수밖에 없지 않은가? 더구나 함께할 새 문화를 익히고 적응한다는 것이 말처럼 쉬운 일은 아닐 것이다. 신입 사원 때는 경험이 없어서 갈등을 일으키고, 시간이 지나 승진을 해서는 이미 굳어져 버린 각자의 업무적 경험이 고착되어 갈등을 일으킨다.

사람들 간의 갈등이란, 어쩌면 당연한 것처럼 보이기도 한다. 그렇지만 그로 인해 상처받고 삶에 지워지지 않는 생채기를 낼 뿐만 아니라, 그것을 평생 안고 가는 경우도 발생한다. 누가 그 상처들을 위로해 줄 것인가? "그때는 옳았고 지금은 아니다."라고 이야기할 수 있는 일들이 너무나 쉽게 또는 너무나 빈번히 일어난다. 옳다고 생각해서 밀어붙였던 일들이 시간이 흘러 되돌아보니 후회되는 것들이 많다. 대부분은 그렇게 하지 않았어도 되었을 일들이었다. 얼마든지 다른 방법이 있었다는 것을 그때는 생각하지 못했던 것이다. 그때의 상황에서 그것이 최선이었다고 한들 그 잘못에 대한 책임을 피해갈 수는 없을 것이다. 정말 사람과 사람과의 관계는 상처를 주고받을 수밖에 없는 것인가? 그러한 의문에서 상품을 통해 사람들의 마음을 헤아려 보게 되었다. 결국, 상품의 마음을 통해 사람들의 마음까지 헤아리게 된 것이다.

어쩌면 사람들의 아픈 상처와 갈등들을 직접 마주하기가 두려웠을지도 모른다. 그래서 상품을 통해, 상품에 배어 있는 사람들의 감정을 읽고자 했는지도 모른다. 상품이라면 너그럽게 이해해 줄 것 같았고, 아무리 속을 들여다봐도, 아무리 무엇이라 떠들어도, 모두 수용해 줄 것만 같았다. 상품들은 사람들처럼 감정을 증폭해 가지 않는다. 번민으로 괴로워하지도 않고, 통제되지 않는 격한 행동도 보이지 않는다. 사람과 가장 친근하고 욕구도 사람과 닮았으면서도 사람들처럼 밖으로 표현하지도 않는다. 상품들은 오랜 시간 사람들을 통해 배우면서 성장해 왔을 것이다. 그러다 보니 이제는 상품이 주인이 되어 상품들만의 감정의 세상이 만들어진 듯하다. 사람을 이해하기 위한 가장 확실한 방법은 상품을 이해하는 것이며, 또한 상품을 이해할 수 있는 가장 확실한 방법은 사람을 이해하는 것이다. 상품이란 결국 사람의 욕구에 의해 출현하게 되는 것이고, 사람은 그 욕구의 충족을 통해 인체의 영양소나 구성 요소를 충족할 뿐만 아니라 정신적인 영역과 생활 문화적인 삶의 양태까지 결정짓게 되기 때문이다. 상품의 다양성과 수준은 그 사회의 삶의 모습을 그대로 반영하고 있다. 이제 더 이상 상품을 소비적 수단으로만 보아서는 안 되겠다. 사람을 구성하는 구성 요소라고 보아야 할 것이다. 사람과 동등한 입장에서 상품의 의미를 재해석해야 할 것이다. 이것이 인문학적 통찰을 통해 상품을 알아 가는 과정이 될 것이다.

2017년부터 이 책을 쓰려는 의지는 간절했지만, 그것이 마음먹은 것처럼 쉽지는 않았다. 생각보다 많은 시간이 흘렀다. 그 시간 동안 많은 시행

착오를 겪었고, 저자 스스로도 무엇이 부족한지를 알아 가는 성찰의 기회가 되었다. 물론 그 길은 고통스러운 번민의 길이었다. 책을 읽는다는 것이 책을 쓰는 것에 비하여 얼마나 감사하고 행복한 일인지도 깨닫게 되었다. 자포자기의 심정이 되어 갈 때쯤 아내는 나에게 이런 말을 했다. "당신이 열심히 살아가는 모습을 보면 자랑스러워. 과거에도 그랬고 지금도 그래. 나는 당신이 이다음에도 뭐가 되도 될 사람이라고 믿어. 당신은 유통에서 20년을 넘게 생활해 왔으니까, 후배들에게 도움이 될 만한 글을 쓴다고 생각하면 틀림없이 좋은 책이 될 수 있을 거야." 나는 순간 뇌리를 스치는 전율을 느꼈다. '그래, 내가 가장 잘할 수 있는 분야는 지금까지 내가 살아왔고 나의 삶을 지지해 왔던 유통 업계에서의 살아 있는 경험을 의미하는 것이다. 내 직장 생활 속에서의 나의 이야기를 담으면 되는 것이다.'라는 생각이 들었다. 나의 회사는 평범했던 나를 유능한 유통인으로 만들어 주었고, 나의 아내는 평범했던 나를 글을 쓰는 사람으로 만들어 주었다. 나의 선후배는 나에게 갈등을 해결할 수 있는 방법을 깨우치게 했고, 친분이 있던 회사의 대표님들과 담당자들은 나에게 그들만의 고유한 지식을 전해 주었다. 나는 지금도 그들의 욕구에 꾸준히 나를 변화시켜 적응해 가고 있는 중이다. 그들은 나의 살아 있는 스승이며 나의 성장의 원천이다. 또한, 나는 매일 상품에게 배우고 있다. 상품이 진열되어 있는 판매대의 모습은 감동적이다. 끊임없이 이어지며 형형색색 펼쳐지는 상품들을 따라가노라면 그곳은 상품들이 꿈을 꾸는 세상으로 변해 간다. 그보다 멋진 스카이라인이 존재하겠는가? 나 역시 꿈속을 거니는 것 같은 착각에 빠지게 된다. 나와 상품을 구분 짓는 것이 의미가 있을까? 다른 이들에게 효용적 가치를 제공할 수 있다면, 나의 능력 역시 상품과 다르지 않다. 그런 의미에서 우리는 모두 '이상한 나라의 앨리스'처럼 상품의 나라에 빠져들 필요가 있다. 어쩌면 그곳에서 진정한 상품의 모습과 자신의 모습 그리고 진정한 삶의 의미를 찾을 수 있는 계기가 될 수 있을지도 모르겠다.

● 참고 도서

책 제목	저자	번역가	출판사	출판 연도
성공을 향한 브랜드 상상력	박재관, 김정일		두양사	2007. 08. 30.
신제품 개발을 위한 전략적 사고법	김훈철, 장영렬		김영사	1990. 02. 05.
브랜드 마케팅	노장오		사계절	1994. 11. 10.
마케팅 불변의 법칙	알 리스, 잭 트라우트	박길부	십일월출판사	1994. 05. 20.
디테일의 힘	왕중추	허유영	올림	2005. 11. 02.
나와 마주서는 용기	로버트 스티븐 캐플런	이은경	비즈니스북스	2005. 01. 31.
강신주의 감정수업	강신주		㈜민음사	2013. 11. 20
내 아이를 위한 감정코칭	존 가트맨, 최성애, 조벽		한국경제신문	2011. 02. 16.
문화심리학	한성열 외 공저		학지사	2015. 03. 30.
내 인생을 힘들게 하는 트라우마	바빗 로스차일드	김좌준	소울메이트	2013. 03. 15.
심상치료의 이론과 실제	최범식		시그마프레스	2009. 04. 15.
우리는 왜 충돌하는가	헤이즐 로즈 마커스, 엘래나 코너	박세연	흐름출판	2015. 02. 02.
우리와 그들, 무리짓기에 대한 착각	데이비드 베레비	정준형	에코리브르	2007. 01. 30.

상품마음, 너만 모르더라

1판 1쇄 발행 2022년 1월 26일

지은이 이규철

교정 주현강
편집 유별리

펴낸곳 하움출판사
펴낸이 문현광

주소 전라북도 군산시 수송로 315 하움출판사
이메일 haum1000@naver.com　**홈페이지** haum.kr

ISBN 979-11-6440-907-5 (03320)

좋은 책을 만들겠습니다.
하움출판사는 독자 여러분의 의견에 항상 귀 기울이고 있습니다.